나는 여전히
걸어가는
————중입니다

나는 여전히 걸어가는 중입니다

젊은 도예가의 꿈을 향한 도전과 응원

김소영 에세이

드림셀러

길의 끝에 뭐가 있을지 누가 알겠어.
가 봐야 알지.

인생에 정답이 있을까.
답을 찾아가는 과정 그 자체가 인생이다.
그냥 살아가는 것이니까.

삶을 살아가며 언제나 즐겁고 좋은 일만 있을 수는 없잖아.
아픈 시간은 그런 시간들을 주려고 계속 오나 봐.
인생에서 소중한 것과 아닌 것을 잘 가려내라고.

모든 내 삶은 '내 생각'으로 인해 만들어진다.
나를 내 인생을 바꾸는 시간은 단 일 분이면 충분하다.
왜냐하면 마음먹는 데엔 일 분이면 충분하니까!

어떤 방향으로 가든 쉬운 삶은 없다.
앞으로도 삶은 계속 쉽지 않을 것이다.
때로는 구부러지고 때로는 힘든 오르막이겠지만,
우리는 더 많은 것을 얻고 경험하게 될 것이다.

프롤로그

오늘도 자신만의 길을
묵묵히 걸어가고 있을
모든 발걸음에게

───

성인이 되어 모든 것을 스스로 결정하기 시작한 이후 돌아보면 계획대로 흘러가지 않은 순간들이 참 많았습니다. 하지만 그런 순간마다 나의 길을 찾은 듯합니다. 도자기를 만드는 일이 나의 업이 된 것도, 산티아고 순례길을 아홉 번이나 걷게 된 것도, 평생 서울만 고집하던 제가 사 년간 귀촌 생활을 하게 된 것도요.

삶이 계획대로 흘러가지 않는다고 너무 슬퍼하지 않았으면 좋겠습니다. 어쩌면 가장 힘들었던 순간에 어쩔 수 없이, 혹은 자연스럽게 내린 결정들이 선물처럼 더 나은 곳으로 우리를 이끌어줄지도 모르니까요. 그러니 힘든 순간을 맞이하고 계시다면 툭툭 털고 일어나 당신의 길을 계속 걸어갔으면 합니다.

저 역시 여전히 저의 길 위를 걷고 있습니다. 때론 넘어지기도 하고 길을 잃고 헤매기도 하지만 나를 찾기 위해서 그리고 현실 속에서 중요한 것들을 잃지 않기 위해서 제 길을 묵묵히 계속 걷고 있습니다.

길의 끝이 어디일지는 아직 모르겠습니다. 걷다가 또 어떤 일을 마주하게 될지도 모르겠습니다. 하지만 무슨 일이 생기더라도 그것이 결국엔 저를 더 나은 길로 이끌어줄 것입니다. 여러분도 저와 같을 것이라 믿습니다.

오늘도 자신만의 길을 묵묵히 걸어가고 있을 모든 발걸음에 응원의 마음을 담아 이 책을 전합니다.

_여러분들의 시작과 끝을 모두 응원하는 **김소영 드림**

차례

프롤로그

1부
— 흐르는 대로

좋아하는 일을 한다는 것 · 022
물 흐르는 대로 · 023
이상과 현실의 거리 · 024
뫼비우스의 띠 · 026
꿈의 기한 · 027
작은 용기 · 028
인생은 한 번뿐 · 029
길 · 030
싫증을 잘 내서 고마워 · 032
마음이 원하는 방향 · 035
싫어하는 걸 잘하게 되려면 · 037
최대 총량 한계의 법칙 + 두 배의 법칙 · 041
슬럼프가 찾아오는 시기 · 043
거뜬하게 · 047
후회하지 않는 방법 · 050
가끔은 결단이 필요해 · 051
가야 할 목표가 있으니까 · 057
부러움 · 058
가끔은 · 060
현실과 이상 사이 · 061
지나가지 않는 시간은 없다 · 065
언제나 그랬냐는 듯 · 066
이가 없으면 잇몸으로 · 067
지금까지 그래 왔듯이 · 075
'사서 고생하자'는 좌우명 · 076
간절함 · 080
나에게 자유란 · 082
시간이 해결해줄 거라는 말 · 084

2부
— 내 속도에 맞춰 걷는다는 것

노란색 화살표 · 088
삶이라는 길 위 · 090
조금만 더 오르면 정상인데 · 091
쉬라는 말 · 092
누구에게나 터닝포인트는 있다 · 094
아홉 번의 산티아고 순례길 · 098
감사한 삶 · 104
산티아고는 끝이 아닌 또 다른 시작 · 105
하나의 길 · 107
단순한 하루의 일과 · 108
조금 느려도 괜찮아 · 112
그리운 곳 · 115
아홉 번, 산티아고 순례길을 계속 떠나는 이유 · 117
비석과 표지판 · 124
다양한 길 · 125
쉼의 법칙 · 127
사랑이다 · 129
너에게 쓰는 편지 · 133
인생은 한 번뿐이니까 · 134
산티아고에서의 지극히 평범한 하루 · 137
자신의 속도에 맞춰 걷는다는 것 · 145
산티아고 순례길은 우리의 인생을 담은 한 권의 책 · 151
반복의 결과 · 155
세상의 끝 피스테라 · 158
인생의 화살표 · 159

3부 ─ 삶의 설레임

누구나 슬럼프를 마주하게 된다 · 164
하루의 시작 · 172
한 가닥의 실 · 173
카르페디엠 · 174
인생이란 계획대로 되지 않는 것 · 175
사 년 동안의 귀촌 · 182
환경의 중요성 · 189
마음의 부자 · 192
마음이 이끄는 길 · 194
헛되지 않은 시간 · 195
좋아하고 잘하는 걸 찾는 데엔 늦은 때란 없다 · 196
아픈 시간 또한 · 199
시간을 멈추는 방법 · 200
죽음을 생각하는 삶 · 202
내가 세상을 바꾸는 방법 · 204
미루지 말 것 · 205
초심으로 돌아가는 연습 · 207
아주 잠깐이면 돼 · 208
기억력이 안 좋아서 좋은 건 · 209
지나간다 · 210
꿈을 이루어가는 방법 · 211
진짜 삶은 이제부터가 시작이니까 · 212
경험해봐야 아는 것 · 214
사소한 것이라도 · 215
무언가를 시작하기에 좋은 나이 · 216
역경은 태풍에 대비해 깊이 뿌리를 내릴 수 있는 기회 · 217
마침표 · 219
현재를 비추는 불빛 · 221
시작 · 222

4부 — 행복은 멀리 있지 않아

마법의 주문 · 226

내 사람 · 227

가장 어려운 것 · 228

그런 사람이 좋더라 · 229

사랑은 또 다른 여행 같은 것 · 230

창문을 닫을 시간 · 232

나, 가장 든든한 나의 친구 · 233

마음의 결 · 234

동반자 · 236

언제나 내 편 · 237

최고의 경험 · 238

더 중요한 것 · 240

그런 날 · 241

세 가지 · 242

마음의 쉼터 · 243

행복해지기 위한 수업 · 244

1부

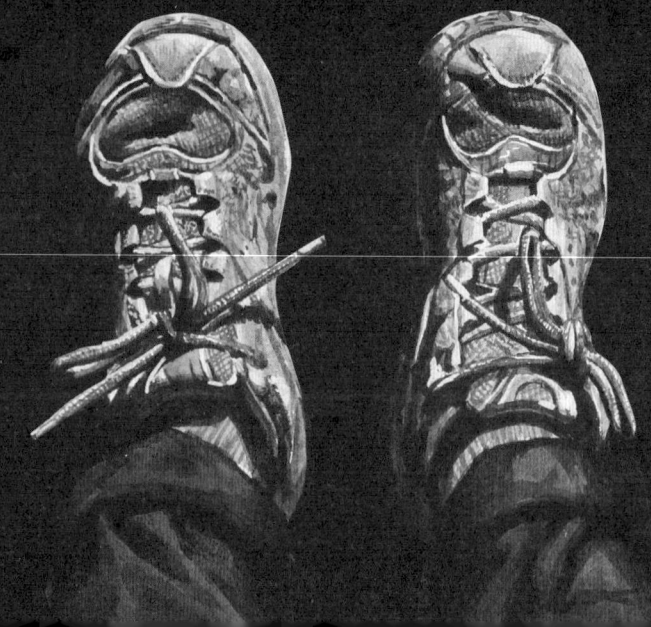

흐르는 대로

그 길의 끝에 뭐가 있는지는 가 봐야 아는 거니까

마음이 흘러가는 대로 가다 보면 알 수 있겠지.

좋아하는 일을 한다는 것

'이 일을 사랑하니까 괜찮아'라는 말로
모든 화살을 온몸으로 받고 견뎌내는 일.

 물 흐르는 대로

이 길이다 싶을 땐 그대로 직진하고
이 길이 아니다 싶을 땐 옆에 있는 문을 열고 들어간다.
그러면 전혀 예상치 못했던 새로운 세상이 펼쳐지곤 한다.

선택의 결과는 좋을 때도 있었고,
때로는 좋지 않을 때도 있었다.
좋으면 좋은 대로, 아프면 아픈 대로
그렇게 눈을 감고 흐르는 물 위에 몸을 맡겼다.

어느새 눈을 떠 보니 도자기를 만들고 있었고,
아티스트가 되어있었고,
산티아고를 왔고 귀촌을 했다.

그 모든 것이 억지의 선택이 아닌
순간의 내 작은 용기와 선택으로
그저 자연스럽게 물 흐르듯 만나게 된
운명 같은 시간들이었다.

이상과 현실의 거리

하고 싶은 게 너무 많다.
하지만 금전적, 시간적, 현실적으로 생각해보았을 때
실제로 할 수 있는 일은 그리 많지 않다.
그런 현실에 가끔은 답답하기도, 속상하기도 하다.

오히려 그럴 땐
못하는 것을 생각하기보다
할 수 있는 것과 현재에 집중해본다.

현재에 집중하다 보면
멀게만 느껴졌던 이상도
어느 순간 현실이 되어있기도 한다.

나는 꿈이나 목표가 생기면
그것을 이루었을 때의 내 모습을
머릿속에 그린다.

현실을 이상으로 만드는 연습을
오랜 시간 하다 보면
신기하게도 그 꿈은 현실이 되어있다.

그래서 난 언제나 머릿속에 그림을 그리며 산다.
이상이 현실이 되는 그 날을 위해서.

뫼비우스의 띠

모든 것엔 시작과 끝이 있고,
끝은 또 다른 시작을 의미하기도 한다.

수면 위로 떠오름은
수면 아래로 언제든지 가라앉을 수 있음을 알려주고,
가라앉음은 다시 떠오를 수 있음을 알려준다.

모든 것은 뫼비우스의 띠처럼
끝없이 연결되어 있다.

 꿈의 기한

이루고 싶은 꿈이 생기면
'몇 년 이내'라는 기한을 정해 놓는다.
신기하게도 그 기한보다 더 빨리 꿈이 이루어지곤 한다.
꿈에 한 발짝 더 다가가기 위해
내가 더 분주하게 움직이기 때문이다.

꿈을 이루려고 내 모든 것을 다해 노력하면
그때부터 우주는 나를 위해 돌아가기 시작한다.
우주는 내가 꿈을 이룰 수 있도록 기꺼이 도와준다.
모든 것은 내가 마음먹은 것에서부터 시작된다.

잘 안되더라도 까짓것 더 해보면 된다.
포기하지 않고 계속 나아가기만 한다면
꿈을 이루는 기한은 조금씩 줄어들 것이다.

 작은 용기

무언가를 해내고 싶고

무언가를 하고 싶고

온종일 생각할 게 있다는 것은 행복한 일이다.

사람이든 일이든 취미생활이든

무언가를 좋아하게 되고

그 안에 빠질 수 있다는 것은

작은 용기를 낼 수 있는 강한 힘이다.

 인생은 한 번뿐

글을 쓸 때 나는 연필이 되고
그림을 그릴 때 나는 붓이 되며
도자기를 빚을 때 나는 흙이 된다.

사랑할 때는
그 사람이 세상의 전부인 것처럼 사랑하고
배낭여행을 떠날 때는 여행만을 생각한다.

과거는 배움으로
현재는 뛰고 있는 심장으로
미래는 바라봄과 기약으로.

앞으로도 현실에 안주하지 않고
끊임없이 나를 찾아가는 삶을 살고 싶다.
인생은 한 번뿐이니까.
언제 죽어도 여한이 없을 그런 삶을 살아가고 싶다.

길

길을 걷다가 문득 그런 생각이 들 때가 있어.
처음에는 이 길로 들어오길 잘했다,
이 길이 좋다 싶다가도 막상 계속 걷다 보면
'어, 이게 아닌데?'라는 생각이 들 때가 있다.
그런 생각이 잦아지면 정말 이게 내가 원했던 길인가 싶고,
이렇게 계속 가는 게 맞나 싶어져.
처음에는 분명 좋았던 순간들이 많았는데 말이야.

그럴 때는 말이야, '에라 모르겠다!'
눈 한 번 딱 감고 과감히 다른 문을 열고 들어가 봐.

저 끝에 낭떠러지가 있지는 않을까?
가시밭이 나와 걷는 길이 아프지는 않을까?
나무가 한 그루도 없어 너무 덥지는 않을까?
야생동물이 갑자기 튀어나오면 어떡하지?
이제 와서 이 길이 아닌 다른 길로 가는 게 맞을까?

그런 걱정 하지 말고 용기내서 한 번 가 보는 거야.
길의 끝에 뭐가 있을지 누가 알겠어.
가 봐야 알지.

고비와 시련은 항상 나를 새로운 길로 이끌어.
어쩔 수 없이 이끌려 간 그 길에서
가끔은 생각지도 못하게 더 좋은 일들을 맞이하기도 해.

길의 주인이 내가 된다면
위기도 기회가 될 수 있어.
그걸 만드는 건 나밖에 할 수 없거든.
길 위에 새로운 문을 여는 건 나만이 할 수 있으니까.

 싫증을 잘 내서 고마워

"엄마 저 피아노 배우고 싶어요!"

유치원 때였다. 앞에 진열되어 있는 피아노가 빛나 보였다. 사달라고 온종일 엄마를 쫓아다니며 졸랐다. 그렇게 피아노를 갖고 나면 대략 한 달 동안은 세상에 피아노밖에 없는 듯했다. 그러다가 언제 그랬냐는 듯 피아노 생각을 잊어버렸다.

나는 어릴 때부터 다양한 것에 호기심이 많았다. 일단 무언가 마음에 들어오면 바로 배우고 싶어했다. 급한 성격에 실행력은 덤. 피아노, 바둑 등이 그랬다. 하지만 꾸준히 하지를 못하고 금방 싫증을 잘 냈다.

내 나름의 변명을 해보자면, 싫증이 났다기보다는 중요도가 낮아서 순위에서 밀려난 것뿐이라고 말하고 싶다. 아무튼 나 같은 사람들에게도 쉽게 질리지 않는 것이 단 한 가지쯤은 있다. 오히려 이런 사람들이 한 가지에 꽂히면 끝까지 간다. 어릴 적 내게는 그게 그림그리기였다. 어릴 때부터 그림그리기를 좋아했던 나는 미술이야말로 내 심장, 나의 전부라고 할 정도였다. 성인이 되어서는 그 자리를 도자기가 차지했다.

대학교 때부터 배우게 된 도자기는 직업이 되어 이십 년 가까이 이 일을 하고 있다.

 내가 이렇게 한 우물만 파다니? 가끔은 이런 내가 신기하다. 어릴 때부터 그렇게 싫증을 잘 냈던 나였는데 말이다.

 무언가를 하다가 쉽게 그만둔다고 해서 끈기가 없는 건 아니다. 다만 나랑 맞지 않은 것일 뿐. 분명 누구에게나 오래 하고 싶은 게 하나쯤은 있을 것이다. 만약 없다면 아직 발견을 못 한 것뿐이다. 금방 싫증이 난다는 것은 결국 나와의 인연이 거기까지인 것이다. 모든 것과 깊은 인연을 맺을 수는 없으니까.

 하지만 나랑 잘 맞는 게 무엇인지 알려면 최소한의 노력은 필요하다. 그 노력 안에 다양한 것을 시도해보는 건 중요하다. 무엇이든 해봐야 내가 좋아하는지 안 좋아하는지 알 수 있으니까. 그런 시도가 나를 알아가는 과정이고 그래야 좋아하는 것 또한 찾을 수 있다. 이것도 해보고 저것도 해보고 말이다.

 될지 안될지는 잠시 생각하지 말자. 고민도 오래 하지 말자. 그러다 계속하게 되고, 계속하고 싶은 걸 발견했다면 꾸준히 지속했으면 좋겠다.

꾸준히 지속해낸다는 것은 열정과 노력의 또 다른 말이기도 하다. 그리고 아무리 좋아하는 것이더라도 하기 싫을 때도 있기 마련이다. 그럴 때는 잠시 쉬어가는 것도 좋다. 다만 그걸 포기하지 않고 꾸준히 이어간다면 그게 나의 운명이 될지 또 누가 알까?

그래서 나는 오히려 싫증을 잘 내는 내가 좋다. 반대로 싫증이 안 나는 게 뭔지 정확히 알 수 있어서. 내가 정말 좋아하는 것이라는 걸 확신할 수 있어서.

 마음이 원하는 방향

한 번 마음을 다 주었다가도 아니다 싶으면 바로 뒤돌아설 수 있다.
저 길로 쭈욱 가기로 마음먹었다가도 마음이 더 이상 가지 않으면
언제든 멈췄다 다른 길로 갈 수도 있다.

그런 결정이 쉬운 것은 아니다.
지금까지 해왔던 것에 대한 아쉬움과 미련 때문일 것이다.
하지만 곰곰이 생각해보면
대부분의 결정은 내 마음이 원해서라기보다
외부의 시선이나 그에 대한 갈등으로 결정되는 경우가 많았다.

사람들이 이렇게 생각하진 않을까?
내가 남들에게 그렇게 보이진 않을까?
하지만 이런 마음이 아니라
내가 진정으로 원하는 것일까?

다른 사람의 생각이 들어가지 않고
오로지 내 선택으로 결정된 길엔 막힘이 없다.

내 마음은 내 마음대로 할 수 없지만
내 마음이 원하는 방향대로 걸어갈 수는 있으니까.

 싫어하는 걸 잘하게 되려면

나는 도자기 만드는 게 싫었다. 대학교 1학년 때 처음 도자기를 접하고 나서 전공 선택은 다른 과를 택했다.

내가 도자기 수업을 얼마나 싫어했는지는 옛 다이어리를 보면 알 수 있다.

'도자기 너무 싫어. 도자실 폭파시켜 버리고 싶어!'

단 두 문장에 그때의 마음이 고스란히 담겨있다. 하지만 전공 선택에서 원하지 않던 도자기가 내 전공이 되어버렸다.

지금 주변 사람들에게 이 얘기를 하면 놀란다.

"도자기 없으면 못 살 것 같은 네가?"

도자기 작업을 싫어했던 가장 큰 이유는 내 마음대로 되지 않고 어려워서였다. 잘하고 싶은데 생각만큼 잘 안됐다.

대학을 졸업하고 전공으로 일을 하는 친구들이 주변에 많지 않다. 하지만 고등학교 땐 입시가 전부였듯 대학생에겐 전공이 전부라 느껴졌다. 마치 미래를 위한 발판을 고르는 것 같았다. 그래서 내가 전공을 좋아하는지도 생각해보고 잘 맞을까, 잘할 수 있을까, 취업은 잘 될까. 고민이 되었다.

하지만 도자기는 내 생각의 모든 요소에서 벗어났다. 특히 너무 어려웠다. 물레를 돌리다가 조금만 힘을 잘못 주거나 건드리면 찌그러지기 일쑤였다. 그러면 처음부터 다시 시작해야 했다. 살짝 건드렸는데 깨지고 기껏 열심히 만들었는데 가마에서 터져서 나오거나 갈라지기도 하고, 유약 칠이 잘 안되면 다시 발라서 구워야 했다. 옮기다가 실수로 떨어뜨려 산산조각이 날 때면 화가 치밀어 올랐다.

이건 빙산의 일각이었다. 작업에 손도 많이 가고 까탈스럽고 깐깐하고 예민했다. 하필 가장 하기 싫었던 게 전공이 되니 정말 한숨만 나왔다.

나에겐 두 가지의 선택지가 있었다. 포기하거나 받아들이거나! 하기 싫으니 대강 해야 할 것들만 하고 끝내 버리든지, 이왕 하는 것이니 받아들이고 최선을 다하든지 말이다. 전공 확정 통보를 받은 다음날 정신을 차리고 보니 상황을 바꿀 수 있는 건 아무것도 없었다.

'그래, 이미 이렇게 된 거니 이왕이면 이 반에서 제일 잘해보자.'

결국 이렇게 마음을 먹었다. 상황을 받아들이고 최선을 다해보기로. 사실 내가 뭔가를 하기 싫어했던 이유는 내가 그걸 못해서인 경우가 많았다. 그러면? 못하는 건 잘하도록 노력하면 된다.

그래서 난 스스로 매주 금요일을 도자기의 날로 잡고 밤샘 작업을 했다. 물레가 가장 어려웠는데 될 때까지 엉덩이를 붙였다. 그런데 밤낮없이 열심히 하니까 자연스럽게 잘하게 되었다. 잘하게 되니까 기분이 좋아졌다. 나중엔 반에서 대표로 물레 시범을 보이기까지 했다. 신기했다.

내가 못해서 싫어했던 거라는 게 확실해지는 순간이었다! 도자기의 매력에 빠졌고 조금씩 사랑하는 마음이 생겼다. 어느새 도예가가 되고 싶다는 생각마저 들었다. 이 과정이 너무나도 자연스러워서 나중에는 내가 도자기를 싫어했다는 사실조차 까맣게 잊고 있었다.

누구에게나 싫어하는 것을 억지로 해야 하는 순간이 온다. 그리고 좋고 싫고는 내 노력과 마음에 달려있다. 싫어하는 걸

억지로 좋아할 필요는 없지만 때로는 내가 싫어했던 것이 내가 살아가는 방향에 포함이 되어야 한다면, 받아들이고 좋아하는 것으로 만드는 것도 하나의 방법이다. 상황을 바꿀 수 없다면 내 생각을 바꾸는 게 최고의 선택이자 능력이다.

도예 전공이 싫어서 학과 사무실 앞에서 대성통곡할 때까지만 해도 도자기가 내 평생의 직업이 될 거라고는 꿈에서조차 상상하지 못했다.

무조건 싫다고 안 하는 것보다는 반대로 좋아해보려고 노력하는 것도 나쁘지 않다. 가끔은 그런 선택이 자신에게 평생 함께할 운명을 선물하기도 하니까.

 최대 총량 한계의 법칙 + 두 배의 법칙

나는 언제나 내가 이루고자 하는 꿈이나 목표를 우선순위로 두었다. 그리고 그 목표로 가는 길에 좋은 선택을 하곤 했다. 그래서 작은 일도 내 일에 도움이 되는 것이라면 마다하지 않았다.

대학교 졸업 때 공예 트렌드 전시회에 참가했다. 하나에 집중하기 시작하면 밤을 새는 건 기본이었다. 중간에 끊는 절제가 어려운 성격 탓에 함께 전시하는 친구들보다 서너 배 이상의 작품을 만들었다. 욕심 때문이다. 다행히 전시회에서 반응이 좋아서 전시 비용을 충당할 수 있었다.

남들이 뭐라 하든 나의 한계는 오로지 내가 정한다. 그날 밤을 새워 만든 삼백 개의 도자기는 내 한계의 영역이었다. 내가 한계를 두는 순간 나의 최대 총량은 그 한계로 인해 결정된다. 그러고 나서 몇 개가 판매되든 그건 내가 하기 나름이라는 것이었다.

나는 그 뒤로 언제나 목표를 크게 잡았다. 원래 잡았던 목표의 두 배 이상으로. 그렇게 되면 일단 반만 해도 성공이었다. 만약 내가 백 개를 판매하고 싶으면 백 개를 만드는 게 아니라 삼백 개 정도는 만들어 놓아야 한다.

최대 총량 한계를 늘리고 원래 목표의 두 배, 세 배로 목표를 잡고 그만큼의 노력을 해보자. 물론 목표만 크게 잡아두고 아무런 행동도 노력도 하지 않으면 말짱 꽝이겠지만. 비록 최종 목표의 백 퍼센트를 달성할 수 없을지 몰라도 원래 목표에는 도달할 수 있을 테니까.

'한계를 잡아 두지 말 것. 일단 도전해볼 것!'
'무엇을 목표로 하든 무조건 원래 목표의 두 배로!'

어릴 때는 이런 생각을 하지 못했다. 언제나 남들이 정해 놓은 기준치에 나를 맞추었다. 어떤 목표를 잡을 때 항상 그의 두 배로 목표를 잡게 된 건 그때부터였다. 절제가 어려운 내 지독한 욕심이 주었던, 훌륭한 교훈이자 길들여진 좋은 습관 중 하나다.

 슬럼프가 찾아오는 시기

대학을 졸업하고 처음 작업실을 만들어 본격적으로 일을 시작할 때는 오히려 그 순간을 즐겼다. 파이팅이 넘쳤다. 하지만 이상하게 시간이 지날수록 슬럼프가 잦게 찾아왔다. 일 년에 한두 번 또는 짧으면 하루, 며칠이었던 것이 길면 몇 달까지도 지친 마음이 떠나지 않았다.

삼 개월을 슬럼프에서 허우적거릴 때가 있었다. 왜 그럴 때 있지 않나. 아무 일도 하기 싫고, 삶에 의욕이 없고, 하는 것마다 잘 안 풀릴 때. 다들 잘 지내고 성공궤도로 올라가는데 난 자꾸 제자리에 멈춰있는 것 같고, 나만 안되는 것 같을 때. 밑 빠진 독에 물 붓기가 계속될 때. 현재 삶에 만족하지 못해 우울해져서 왜 살고 있나 싶을 때. 내가 만든 작품이 생각보다 반응이 별로여서 낙담할 때.

처음에는 그렇게 생각했다. 나는 할 만큼 한 것 같은데 왜 나에게만 이런 불운한 일이 생기는 걸까. 하늘은 나에게만 왜 이런 시련을 주는 걸까.

엎친 데 덮친 격으로 슬럼프까지 찾아왔다고 생각했다. 작업에서 손을 떼니 슬럼프는 더욱 깊어져만 갔다.

슬럼프란 녀석은 늘 틈을 노렸다. 특히 내가 상황에 불평불만을 늘어 놓고 있을 때, 아무것도 하지 않고 넋 놓고 있을 때 나를 갉아먹으러 주기적으로 찾아왔다.

그렇게 제대로 일도 하지 않은 상태에서 삼 개월을 멍하니 보내던 날이 있었다. 눈물이 왈칵 쏟아졌다. 그러곤 문득 그런 생각이 들었다. '내가 슬럼프가 와서 작업을 하지 않았던 것인가? 아니면 작업을 하지 않아서 슬럼프를 겪고 있는 것인가?' 찬찬히 생각해보니 작업을 하지 않아서 슬럼프에 빠진 거 같다는 생각이 들었다. 빠져나올 생각을 전혀 안 하고 있으니 그 속에 점점 더 깊이 빠지는 것이 아닐까.

슬럼프가 올 때면 영화를 보거나 친구들과 신나게 수다를 떨었다. 그러면 힘든 걸 잊을 수 있었다. 하지만 그건 잠시뿐이었다. 슬럼프가 사라지지 않았다.

그후 내가 찾은 가장 좋은 방법은 엉엉 우는 거였다. 신기하게도 울다 보면 좀 괜찮아졌다. 그날도 모든 눈물을 내보내니 정신이 번뜩 차려졌다. '너 지금 뭐 하고 있어? 정신 안 차릴래?' 내 안의 내가 말했다. 가까스로 정신을 차리니 갑자기 생각이 떠올라 보드판에 크게 적었다.

'내가 원하는 것을 이루기 위해선 목표를 그것의 두 배로 잡고, 열 배 이상으로 발로 뛰며 노력해야 한다는 것을 잊지 말자! 노력 없는 결과는 없으며, 뜻이 있는 곳에 길이 있다. 내가 그만큼 노력하지 않았기 때문에 만족하지 못하는 것이다!'

나는 이 보드판을 아주 잘 보이는 곳에 두었다. 그래 난 할 수 있어. 이제부터가 시작이라고. 이런저런 잡생각을 집어치우고 곧바로 작업에 몰두했다. 신기하게도 다시 일을 하니까 마음이 조금씩 진정되고, 자연스럽게 모든 일이 차츰 잘되어 갔다.

언제나 슬럼프에서 빠져나오기 전과 후를 살펴보면 상황이나 환경이 크게 달라지는 건 없었다. 갑자기 로또를 맞았다거나 매출이 수십 배로 오르는 것도 아니니 말이다. 달라진 건 오로지 내 생각뿐이었다.

슬럼프에 빠질 때는 상황과 환경 탓을 하고 있던 내가 있었고, 그만큼 노력하지 않는 나를 탓하는 나 자신이 있었다. 물론 환경으로 인해 슬럼프가 올 수는 있지만 내가 어떻게 마음을 먹고 생각하느냐에 따라 우린 그걸 다르게 바꿀 수 있다. 오직 나만이 그렇게 할 수 있다.

어떠한 결과가 만족스럽지 못할 때마다 객관적으로 내가 정말 최선을 다한 것일까? 생각해본다. 저마다 최선이라는 한계점이 다르겠지만 나만의 최선의 한계점을 고려해봐야 한다.

대부분의 성과는 내가 만족하는 이상의 노력에서 비롯된다. 만족할 만큼이 되려면 목표치 이상으로 최선을 다해야 한다. 백 점이 최선의 최고점이라면 적어도 이백 점, 삼백 점을 맞을 생각으로 노력해야 한다. 그 정도의 최선이 없다면 원하는 결과는 쉽게 따라오지 않는다. 이때 중요한 것이 마인드 컨트롤이다.

마인드 컨트롤은 살면서 내 인생의 많은 것을 결정짓는 데에 가장 중요하다. 인생이라는 게 언제나 내 뜻대로 되진 않는다. 그래서 매일 행복하고 기쁘고 즐거울 수 없다. 지금 하는 일이 너무 즐겁고 행복할지라도 슬럼프는 느닷없이 불청객처럼 찾아올 수 있는 법이고, 그 안에서 허우적댈 수도 있다.

하지만 내 삶은 '내 생각'으로 인해 만들어진다. 행복했다가 슬퍼지기는 쉽지만 슬픈 상황에서 행복하고 즐거워지기란 절대 쉽지 않다. 손 놓고 아무 노력도 하지 않는다면 결국 그 안에 갇히게 될 것이다. 모든 내 삶은 '내 생각'으로 인해 만들어진다.

그럴 때마다 나를 일으키는 가장 큰 힘은 바로 나 자신이었다. 모든 문제는 내 안에 있었다. 좋고 나쁜 것 또한 내 생각이 그렇게 만들었다. 그럴 땐 환경과 상황을 철저히 배제해보았다. 내 안에 머물면서 현재의 문제해결 방법에만 집중하다 보면 신기하게도 방법이 떠올랐다. 그러니 내 안에 나를 가두지 말자. 환경과 상황에 나를 가두지 말자. 내가 더 멀리 날아갈 수 있게 나에게 날개를 달아주자.

나는 여전히 힘이 들 때마다, 슬럼프를 겪을 때마다 보드판에 적었던 글귀를 보며 지금까지 안일했던 나 자신을 돌아보곤 한다. '내가 하는 생각'은 '나'라는 존재에 있어서 가장 큰 무기이자 든든한 백이다.

물론 여전히 종종 슬럼프에 빠진다. 하지만 예전보다는 줄어들었다. 항상 갖고 있던 강박증과 불안증도 꽤 사라졌다. 그냥 사라진 것은 아닐 것이다. 그동안의 수많은 좌절과 슬럼프에서 수십 번 다시 일어나기를 반복하며 터득한 결과일 것이다.

나를, 내 인생을 바꾸는 시간은 단 일 분이면 충분하다. 왜냐하면 마음먹는 데엔 일 분이면 충분하니까!

 거뜬하게

힘든 시간의 사이엔

눈에 보이지 않는 사소한 행복이 존재하고

그 사소한 행복은

폭풍처럼 힘든 순간을 거뜬히 견디게 한다.

후회하지 않는 방법

나에겐 과거나 미래보다는

현재가 더 중요하다.

언제나 순간의 감정에 최선을 다하다 보면

어떤 상황이 와도

적어도 과거와 미래에 후회는 하지 않게 되더라.

 가끔은 결단이 필요해

한때 미술학원 선생님이 되고 싶었던 적이 있었다. 부모님이 아동 미술학원을 오래 운영하신 덕도 있지만, 아이들에게 미술이나 도자기를 가르치는 일이 무척 재미있었다. 사명감 같은 게 느껴졌다. 그래서 한때는 미술학원을 운영하고 싶다는 생각도 했다. 잘할 수 있을 것 같았다. 하지만 막상 일을 해보니 시간이 흐를수록 성취감보다 일의 책임감이 더 커졌다.

반면 도자기는 신기하게도 하면 할수록 더 좋았다. 만드는 행위 그 자체에서 위안을 얻었고, 그 순간을 사랑하게 되었다. 내가 만든 걸 사람들이 좋아할 땐 엄청난 행복과 성취감이 느껴졌다. 정말 이상했다. 고정적인 월급도 없고 당장 돈도 안되고, 오히려 돈이 계속 들어가는데! 더군다나 육체적으로도 힘든데도 이상하게 사랑하는 마음과 열정이 점점 커져만 갔다. 더 잘하고 싶고, 성장하고 싶고, 성공하고 싶은 열망이 커졌다. 그리곤 확신이 들었다. 이 열정이 점점 커졌으면 커졌지 꺼지지 않을 것 같다는 확신이!

결국 나는 아티스트의 길을 선택했다. 선택의 가장 결정적 요인은 열정의 크기였고, 내 안에 확신이 들자 결심했다.

첫 작업실을 만들고 세라믹 아티스트로서의 내 직업을 확정 지었을 때, 작업실에서 하나씩 내가 하고 싶은 일들을 시작했다. 나는 한창 소셜미디어(페이스북, 블로그, 트위터 등)를 활발하게 사용하고 있었다. 작업물을 사진으로 찍어 완성품을 올렸더니 구입 문의도 조금씩 들어왔다.

우선 내가 하고 싶은 도자기 작업을 계속하려면 돈이 필요했다. 생계유지를 위해 매주 문화센터와 초등학교 방과후교실, 그리고 작업실에서 아이들 대상의 도예 수업을 병행했다. 그렇게 매달 고정수입을 만들었다.

하지만 아이들에게 도자기를 가르치는 일은 내게 많은 시간을 요했다. 도자기는 흙을 준비하고 만들고 다시 가져와서 말리고 가마에 한 번 굽고 꺼내서 채색을 하고 유약을 칠하고 가마에 굽고 다시 꺼내서 금칠을 하고 가마에 한 번 더 굽고 꺼내서 굽을 갈아야 비로소 완성된다.

하나의 작업을 완성하기까지는 적어도 일주일 이상이 걸린다. 그런 후엔 가져가서 각각의 아이들에게 전달해줘야 한다. 만약 그 과정에서 갈라지거나 깨지면 똑같이 다시 만들어줘야 한다. 더군다나 수강생은 수십 명이니 어느 때는 수강생 작품을 작업해주느라 정작 내 작업은 못할 때가 허다했다.

'이게 맞는 건가? 도자기를 만들고 싶어서 작가가 되기로 결심한 건데. 정작 내 작업할 시간이 별로 없잖아.'

어느 순간 주객이 전도된 느낌이 들었다. 그래도 고정 수입을 내려놓기엔 생계유지가 있으니 일단 계속 강행했다.

처음에는 도자기를 만들어 판매하는 수입이 크지 않았다. 하지만 이제 막 시작이 아닌가? 나를 아는 사람도, 내 작품을 아는 사람도 많지 않은 게 당연했다. 수강생 작품 작업 때문에 그만큼 내 시간을 쓰기가 어려운 것도 사실이었다. 첫 작업실을 만든 후 반년을 그렇게 보냈다.

"소영아, 어버이날 카네이션 상품 준비 잘돼?" 친구가 물었다.

"아니. 수업 때문에 집중이 어렵네. 작년에는 육 개월간 꼬박 준비했었는데."

내년 어버이날을 위한 도자기 카네이션 상품에 좀 더 몰두

할 필요가 있었다. 이대로는 뭣도 안될 것 같았다.

주변의 만류에도 불구하고 결국 고정수입을 가져다준 가르치는 일을 모두 그만두고 도자기 카네이션 만드는 일에 집중했다. 안정적인 것들을 내려놓고, 안정적이지 않은 것에 모든 시간을 쏟아붓는 선택은 쉽지 않았다.

하지만 내가 원하는 최상의 성과를 위해서는 선택과 집중이 필요했다. 하나를 놓아야 다른 하나를 잡을 수 있었다. 한 손으로 여러 개를 움켜쥐었다가는 모두 놓칠 수도 있었다. 무엇보다 나는 선생님이 아닌 작가로서 오롯이 우뚝 서고 싶은 꿈이 더 컸다. 그 꿈과 목표를 향해 주저 없이 하던 걸 모두 내려놓았다.

수업을 모두 그만두니 내 시간이 많아졌다. 잠을 줄여가며 작업과 홍보에 올인했다. 이가 없으면 잇몸으로라도 해야지! 자금이 전혀 없었던 나는 홍보와 마케팅 비용을 아끼기 위해 모두 직접 했다. 하루 걸러 하루는 잠을 안 잤고 자는 날도 다섯 시간 이상 자지 않았다. 하루 중 반나절은 작업에, 반나절은 온라인 홍보에 썼다.

시간이 흐를수록 도자기 카네이션은 더 많은 사람들에게 입소문을 탔다. 주문의 구십 퍼센트 이상이 소셜미디어를 통해 들어왔다. 다양한 시도를 해보고 싶어서 상자에 향수를 넣어 '향기 나는 도자기 카네이션' 전략을 사용했다. 욕심껏 고급 상자를 맞추느라 상자 회사에 천만 원의 빚이 생기기도 했다. 그 돈을 갚는 데 대략 일 년이 걸렸다. 하지만 마지막 잔금을 치른 순간, 그 희열감이란.

나는 한 번 결정하면 뒤돌아보지 않는 편이다. 이미 지난 일은 돌릴 수 없으니까. 잘되면 잘된 대로, 안되면 안되는 대로 나름의 배움이 있다. 그래서 어떤 결과로 이어지든 후회할 시간에 다시 실수하지 않을 것을 다짐한다.
 '다음엔 이러지 말아야지.'
 '나중에 더 크게 겪는 것보다 조금 앞당겨서 겪는 게 잘된 거야.'
 '안 해보고 후회하는 것보다 해보고 후회하는 게 차라리 낫지.'

'안되면 툭툭 털고 일어나 다시 하면 그만이다.'

차츰 작품 판매로 수입이 늘어났다. 수업에 썼던 시간을 고스란히 작품 활동에 쓰니 어쩌면 당연한 결과였다. 나는 지금까지도 수업을 거의 하지 않는다. 만약 그때 고정수입이 사라지는 것이 두려워 수업을 포기하지 못했더라면 지금 어땠을까? '그만큼 돈이 안 벌리면 어떡하지?' 또는 '당장 다음 달 월세는? 생활비는?' 하면서 걱정하고 있었을 것이다.

나는 선택의 기로에 설 때면 그날을 생각한다. '뜻이 있는 곳에 길이 있다'고. 과감히 한쪽을 내려놓았던 결단 그리고 선택과 집중을 했던 시간은 두고두고 보아도 내 자신에게 좋은 교훈으로 남아있다.

가야 할 목표가 있으니까

목표가 있다는 건
가슴이 설레는 일이다.
삶에 열정을 불어넣는 일이다.

열정은 내가 살아가는 이유를 만들어주기도 하고
매 순간을 소중하게 여기는 원동력이 되기도 한다.

꿈을 마음에 품는다.
그리고 현재를 충실히 산다.
목표는 가장 현실적인 것으로 잡는다.
하지만 너무 가깝지는 않은 시간으로.

잠시 멈춰서 숨을 고르고
다시 새로운 목표를 향해 돌진해본다.
시작이 반이다.
하지 못할 건 없다.
단지 아직 하지 않았을 뿐이다.

 부러움

매일 같이 보게 되는 매체 속에서 우리는
누군가를 부러워하고 시기하고 질투하기도 한다.

나와 같은 나이에 성공에 이른 저 친구에 비해
나는 아무런 발전도 없는 것 같다는 생각이 든다.
그렇게 나는 가끔 나를 모자라거나 못난 사람으로 느끼기도 한다.

잘 해내고 싶은 욕심과
그로 인한 무거운 마음은
내 현재 삶에 대한 책임감과 중압감으로 다가온다.

어느 날 문득
나를 내 안에 가두는 건
바로 나 자신이라고 생각했다.
다른 사람이나 주변 환경이 아니었다.

잠시만 욕심을 내려놓고 생각해보자.

우리는 충분히 지금까지 잘해왔고
우리는 더 잘해 나갈 수 있다.

 가끔은

가끔은
보고 듣는 눈과 귀를 닫고
내 안에 집중할 필요가 있다.

내가 마음먹은 대로 해낼 수 있다고.
내 삶은 남에게 인정받기 위함이 아닌
나 자신에게 인정받기 위함이라고.
아직 나의 때가 오지 않았을 뿐 때가 되면 올 거라고.

다른 사람들이 아닌 나의 인생을 살 것.
부러워하지도 말고 질투하지도 말 것.
오로지 나에게만 집중할 것.
나도 누군가에겐 부러움의 대상일 수도 있다는 것.

항상 잊지 않기.

 현실과 이상 사이

"도자기로 먹고살 수 있을까?"

사람들은 나를 이상주의자라고 생각하지만, 나는 지극히 현실적인 편이다. 평소에 '나는 어디에서 왔는가', '갑자기 지구가 멸망하면 어떡하지?', '로또 일 등에 당첨되면 그걸로 뭘 하지?', '갑자기 외계인이 우리 집에 침입하면 어떡하지!' 등 이런 일어나지도 않을 질문들을 던져 본 적이 거의 없다. 따라서 미래를 생각할 땐 한계를 두지 않는 선에서 현실적인 선택을 하는 편이다.

도자기로 먹고살 수 있는지에 대해 나 자신에게 질문을 던진 건 대학교 4학년 때와 첫 산티아고 순례길을 다녀온 뒤, 딱 두 번이었다.

대학교 땐 도자기로 먹고사는 건 불가능하다고 생각했다. 하지만 첫 산티아고 순례길에 다녀오고 나서 생각이 달라졌다. 순례길 경비를 모으려고 만들었던 도자기(카네이션 브로치, 반려동물 목걸이, 산티아고 목걸이와 브로치) 때문이었다. 내가 만든 도자기를 구매한 사람들의 반응이 너무 좋았고, 선물 받은 사람들도 행복해하는 것을 보면서 이전에는 느까지 못했던 뿌듯함과 행복을 느꼈다. 용기도 생겼다. 내가 지속적으로 잘 기획해서 좋은 도자기 작품을 계속 만들어 판매할 수 있다면 충분히 먹고살 수 있겠다는 확신이 생겼다.

더 이상 도자기는 막연한 꿈이 아니었다. 지금까지 했던 대로 더 열심히 하면 되잖아! 문제는 도자기 작업을 시작할 돈이 없다는 것이었다. 어느새 들떴던 마음은 현실과 충돌해 다시 가라앉았다.

'앞으로 어떻게 하면 좋을까?' 대학 졸업 후 부모님으로부터 경제적 도움을 전혀 받을 수 없었고 받지도 않았다. 고민한다고 달라질 것이 전혀 없었지만, 도저히 어떻게 해야 할지 몰랐다.

그러던 중에 문자 메시지가 왔다. '소영아, 내 작업실에 와서 작업할래? 네가 하고 싶은 작업해.' 봉천동에서 공방을 운영하던 선생님의 메시지였다. '와, 이건 구세주의 손길이다!' 나는 당장 가겠다고 했다. 불쌍한 어린 양에게 신이 주신 기회임이 틀림없었다. 선생님은 한 달 동안 무료로 작업실을 사용하게 해주었다. 나는 신이 나서 그동안 만들고 싶었던 걸 마음껏 만들었다. 옆에서 가마를 굽는 것, 공방을 운영하는 것 등을 보면서 배웠다. 그 시간들은 내가 작업실을 만들 때 큰 도움이 되었다.

지금까지 꿈을 포기하지 않고 끝까지 나아갈 수 있었던 것은 이처럼 절망의 벼랑 끝에서 내게 손길을 먼저 뻗어준 사람들이 있었기 때문이다. 한 달이 지나고 나서부터는 공방에 사용료를 지불하고 다니기 시작했다. 그래야 책임감이 생기고 더 열심히 일할 것 같아서였다. 그게 내 마음이 편하기도 했다.

그러던 중 도예가가 되겠다는 야심 찬 내 말에 아빠는 걱정스러운 목소리로 물었다.

"그런데 도자기로 돈을 어떻게 벌려고 하니? 아빠 친구들 중에도 도예가가 몇몇 있는데, 모두 어려운 상황이지. 수십 년을 노력해도 빛을 보기 어려울지 몰라."

물론 부모님의 우려와 걱정이 이해되지 않는 것은 아니었다. 하지만 나는 그 길을 택했다. 만약 지금 누군가가 "도자기로 먹고살 수 있을까요?"라고 묻는다면 이렇게 말할 수 있다. "그건 당신이 하기 나름이죠."

될지 안될지부터 생각하는 건 순서가 잘못됐다. 그전에 더 중요한 것은 나의 마음이다. '이것 아니면 절대 안돼!'와 같은 마음 말이다. 내게는 그런 마음이 있었다. 그런 마음이 확신이 있다면 어떤 일이든 할 수 있을 것이라 생각한다. 그 마음은 무슨 일을 하든지 큰 힘을 발휘한다.

  해낼 수 있는 힘. 주저앉았다가도 다시 일어설 수 있는 힘. 장애물이 있어도 뛰어넘을 수 있는 힘. 바로 그런 힘 말이다.

지나가지 않는 시간은 없다

아무것도 없는 땅 위에 튼튼한 건물을 짓기 위해서는
머릿돌부터 차곡차곡 쌓아가야 한다.

완성되기 위한 긴 시간 동안 지루할 수도 있고
힘들고 그만두고 싶을 때도 많겠지만
그 모든 걸 다 견뎌낸 후에 완성된 모습을 보면
그간의 피로가 풀리고 뿌듯함이 남는다.

그러니 지금 이 순간이 버티기 힘들고 지치더라도
조금만 더 힘을 내보자.
지금 이 순간만 지나고 나면
다 웃을 수 있는 추억으로 남을 테니.

지나가지 않는 시간은 없다.
시간은 지금도 그렇게 흘러가고 있으니까.

 언제 그랬냐는 듯

스무 살 때의 나는 한 번 웃으면 한 번 울었고
언제 그랬냐는 듯 다시 웃었다.

그 뒤로 한동안은 열 번 울면 한 번 웃었고
언제 그랬냐는 듯 다시 울었다.

그리고 지금은 열 번 웃으면 한 번 울고
언제 그랬냐는 듯 다시 웃는다.

그러니까
언제 그랬냐는 듯 다시 웃겠지.

 ## 이가 없으면 잇몸으로

나는 하고 싶은 것이 생기면 어떻게든 할 수 있도록 상황을 만들려고 한다. 되든 안되든 일단 해본다. 안되는 상황에서도 상황을 탓하기보다 할 수 있는 걸 찾아서 해보려고 노력하는 게 내가 가진 장점 중 하나다.

이런 생각으로 의외로 해낸 일이 꽤 많아서인지 부모님은 혼자 무인도에서도 살아남을 거라고 하셨다. 그래서 가끔은 나를 '무대포' 혹은 '꼴통'이라고 부르시기도 했다.

그런 내게 정말 간절히 하고 싶었던, 일명 버킷리스트가 생겼었는데 바로 산티아고 순례길에 오르는 것이었다. 파울로 코엘료의 소설을 읽으며 순례길을 염원한 이후 지금까지 아홉 번이나 다녀왔으니 마음먹자 마자 바로 순례길을 갔었나 생각할 수도 있다. 하지만 바쁜 대학 생활과 취업 때문에 사 년 동안은 그저 꿈만 꿨다.

내가 처음으로 그 길을 걸었던 것은 2011년 6월이었다. 다니던 직장을 그만두고 사 개월간 구직활동에서 처절한 실패의 쓴맛을 보았다. 그때 방황과 불안 속에서 생각이 난 건 다름 아닌 순례길이었다.

'아, 다시 취업을 하게 되면 산티아고 순례길은 또 영영 물 건너가겠지.' 회사생활을 한 번 해보니 알았다. 순례길을 완주하는 데 한 달 이상의 시간이 들기 때문에 직장을 그만두지 않는 이상 갈 수 없는 곳이었다.

우선 아는 게 하나도 없어서 순례길과 관련된 커뮤니티 카페에 가입했다. 카페 상단에 적힌 정모 모집 게시글을 보고 참석하겠다고 적었다.

사실 그날 정모에서 다른 이야기들은 하나도 기억나지 않는다. 한 아주머니가 했던 한마디만 기억이 난다. "이가 없으면 잇몸으로라도 가세요." 없으면 없는 대로 어떻게든 가라는 소리다. 그만큼 꼭 경험해보길 추천했다.

다행히도 회사 면접에서 떨어뜨려준(?) 바람에 시간이 많았다. 문제는 돈이었다. 사 개월간 모아둔 돈을 야금야금 다 까먹었던 것. 통장 속 전 재산은 겨우 비행기값 정도였다. 시간이 없으면 돈이 있고, 시간이 있으면 돈이 없다는 말이 이런 거구나 싶었다. 하지만 지금이 아니면 영영 갈 수 없을 것 같단 생각이 들었다. '아, 일단 어떻게든 가자!'

이런저런 생각을 하지 않기로 하고 아주 호기롭게 전 재산을 탈탈 털어 비행기 티켓을 끊었다! 6월 9일 인천 출발. 인생 첫 유럽 여행인 만큼 돌아오는 티켓도 한 달 반 후로 여유롭게 끊었다. 순례길을 다 걷고 남은 이 주일은 스페인 여행을 할 계획이었다.

아뿔사! 일을 저질르고 나니 당장 거기서 먹고 자고 할 돈이 필요했다. 출국 일까지 남은 시간은 단 한 달 반. 그사이에 적어도 삼백만 원은 모아야만 했다.

'한 달 반 동안 삼백만 원을 어떻게 벌지? 내가 좋아하고 잘하는 걸로 벌면 좋을 텐데. 아, 도자기? 도자기로 뭘 만들어서 팔면 좋을까? 어디로 가서 팔지? 다음 달에 어버이날과 스승의날이 있으니 그 이벤트를 활용해야겠다!'

고민 끝에 도자기 카네이션을 만들기로 했다. 지금껏 도자기 카네이션을 본 적이 없었다. 도자기니까 평생 시들 일도 없고 변하지 않고 오랫동안 간직할 수 있고, 게다가 고급스럽게 브로치로 만들면 달고 다닐 수도 있으니 선물하기에도 좋을 것 같았다.

'우선 판매를 하려면 사업자등록부터 해야겠다.' 첫 시작을 알리며 '사업자등록'과 '통신판매업등록' 하는 일부터 처리했다. 2011년 3월 1일. 이렇게 해서 뜻하지 않게 나의 개인사업이 시작되었다.

이제 어디서 도자기를 만들지가 관건이었다. 모교에 동의를 구해 학과 도자실 책상 한 칸을 마련했다. 다음은 어디에서 홍보하고 파는지가 문제였다. 아무리 잘 만든다고 한들 이 제품을 알지 못한다면 아무 소용이 없을 것이다.

블로그, 트위터 등 SNS를 적극 활용했는데 문의도 많고 의외로 반응이 좋아 선주문까지 받았다. 어버이날까지는 단 이주일의 시간밖에 없었다. 도자기는 만드는 데에 일주일이 걸리니 일주일 동안 밤을 새서 최대한 많이 만들고 남은 일주일 동안은 홍보해서 판매할 생각이었다.

아직 나도 완성된 모습은 모르겠지만 그저 나를 믿었다. 안 된다는 생각은 하지 않았다. 그렇게 밤낮 없이 일주일을 작업했다. 도자기를 빚고 가마에 굽는 일, 디자인, 홍보 등 숨 막히는 카네이션과의 사투 끝에 일주일간 도자기 카네이션 육

십 송이가 모두 완판되었다. 올레! 이렇게 해서 백오십만 원을 마련할 수 있었다.

이제 출국까지 남은 시간은 삼 주. 백오십만 원을 더 모아야만 했다. 그때 내가 운영했던 트위터 모임 '반사당(반려동물을 사랑하는 사람들의 모임)'이 떠올랐다. 회원수가 제법 많았고, 몇 주에 한 번씩 공원에서 강아지를 데리고 와 산책도 하고, 가끔 반려동물 행사에도 참여했다.

그 모임을 만든 이유는 내가 키우는 말티즈 '소미' 때문이었다. '소미에게 해줄 반려견 목걸이를 만들면 어떨까?'라는 생각에서부터였다. 그래서 그 모임 전체 회원에게 일일이 메시지를 돌렸다. '산티아고 순례길 경비를 위해 반려동물 목걸이를 주문 제작으로 판매합니다.' 정말 신기하게도 주문이 들어왔다. 만드는 과정을 모두 촬영해 상품을 기다리는 사람들과 공유했다.

이렇게 해서 목표했던 여행경비가 거의 채워졌다. '여행하다가 돈이 모자라면 어떡하지?' 하는 불안감이 없진 않았지만 나다운 생각을 또 하나 했다.

현지에서 판매할 도자기를 만들기로 했다. 산티아고 순례길에는 조개와 화살표가 상징 문양이었다. 조개 문양을 넣은 목걸이와 브로치를 만들고 배낭 뒤에 천을 달았다.

'제가 만든 도자기 브로치, 목걸이 팔아요.' 한국어, 영어, 스페인어 등 세 개의 언어로 썼다. '한 길로만 걸어가는 길이니까 분명 뒤에 걸어오는 사람들이 내 배낭에 달린 천을 볼 거야. 궁금하거나 사고 싶은 사람이 있다면 나에게 말을 걸겠지?'

그렇게 정신없이 도자기 일을 하다 보니 어느덧 출국 날짜가 다가왔다. 결국 한 달 반 동안 뼈 빠지게 경비를 버느라 정작 순례길을 위한 준비는 거의 하지 못했다. 비행기를 타는 전날까지도 온라인 홍보를 하느라 밤을 꼴딱 샜다.

그렇게 해서 무사히 비행기에 올라탔다. 나 홀로 첫 유럽인 산티아고 여행은 코 묻은 삼백만 원과 설레임과 함께 그렇게 시작되었다. (다행히도 순례길에서 판매했던 목설이와 브로치도 매일 쏠쏠히 나가 여행경비에 보탬이 되었다.)

나는 간절히 원하는 게 있으면 어떻게든 저지르고 수습하는 편을 택했다. 지금도 여전하다. 언제나 무언가를 하고 싶을 때는 상황과 환경이 뒷받침되지 않았다. 하지만 일단 저지르고 봤다. 남들이 보기엔 무모해보일 수도 있지만 나만의 룰이 있었다. 예를 들면, 일을 저지르는 순간에(거의 동시에) 머릿속으로 아주 재빨리 어떻게 할 건지 상상한다거나 지금 당장 해야 될 것들이 뭔지 머리를 빠르게 가동한다.

최근 다녀온 뉴욕행 티켓도 그러했는데, 한 번도 미국에 가보지 않았던 나는 문득 내 작품으로 뉴욕에 진출하고 싶다는 꿈을 꾸었다. 그 생각을 한 지 일주일 만에 삼 주 일정으로 뉴욕행 비행기표를 끊었다.

하지만 여기서 내 룰이 시작된다. 티켓을 구매한 그 순간부터 만나는 사람들에게 뉴욕에 갈 거라고 얘기했다. 가서 개인전도 하고 작품도 입점시킬 거라고 동네방네 소문을 냈다. 그랬더니 많은 분들이 도움을 주려고 했다.

"나 뉴욕에 친한 친구 있는데, 소개해줄게!"

"저 아는 분이 뉴욕에서 사업하시는데 만나 보시면 도움이 될 것 같아요."

"내 동생이 파슨스 다녀, 한번 만나 봐."

그렇게 저질렀던 뉴욕 일정은 잘 마무리되었고, 사람들도 많이 사귀고 나름 성과도 좋았다.

나는 이렇게 앞뒤 가리지 않고 원하는 게 생기면 저질러버리는 '꼴통' 같은 내가 좋다. 매번 생각만 많이 하고 이래서 하기 힘드네, 저래서 하기 어렵네 했다면 지금처럼 다양한 경험은 하지 못했을 것이다.

앞으로도 마음이 원하는 방향으로 물 흐르는 대로 배에 몸을 싣고 훌훌 나아갈 것이다. 그러다 또다시 새로운 목표가 생기면 전투적으로 돌진해야지!

 지금까지 그래 왔듯이

목표에 도달하기까지 좀 돌아가더라도, 더디더라도,
지름길을 찾아 남들보다 더 빨리 가려 하기보다는
그 긴 길 위에서 나름의 뜻을 찾으며 묵묵히 걸어가야지.
그러면 그 길이 내 삶에 있어서 평생의 디딤돌이 되어줄 거야.
그럴 거라 믿어.
지금까지 그래 왔듯이.
언제까지나 날 응원해.

'사서 고생하자'는 좌우명

어릴 때부터 나는 어떤 길이든 쉬운 길보다 어려운 길을 선택하는 것을 더 좋아했다. 솔직히 말하자면, 나의 삶은 처음부터 쉬운 길을 선택하기 어려웠다. 경제적으로 집안 사정이 좋지 않았기 때문에 쉬운 길은 아예 선택지에 없었을 것이다. 항상 멀리 돌아가는 것이 당연했고, 이를 부정하고 싶지 않았다. 사실이니까 나는 인정했다. 대학을 졸업한 스물네 살부터 완전한 경제적 독립을 하게 된 것도 그 때문이다.

예술을 하면 대부분 집이 부유하다고 생각한다. 하다가 그만두는 사람이 많아서 상대적으로 살아남은 사람들을 보면 그렇게 생각한다. 예술가로 살아남으려면 작품을 팔아 돈을 벌어 생계를 유지해야 하는데, 현실적으로 어렵기 때문이다.

뭐든 그렇겠지만 돈이 없으면 오랫동안 예술가로 유지하기가 어렵다. 그래서 많은 작가가 실제로는 예술과는 전혀 무관한 일을 하거나 버티다 못해 도중에 그만두는 경우가 허다하다.

반대로 집이 부유해 부모님이 작업실을 차려주거나 금전적인 지원을 받아 자신만 챙겨도 충분히 잘 살아갈 수 있는 경제적 배경을 가진 사람들도 많다. 하나부터 열까지 내가 모두 벌어서 해야 하고, 돈이 없어서 할 수 없는 게 많았던 나와는 출발점이 완전히 다르다는 말이다. 그들이 부럽지 않았다면, 그건 거짓말이다. 나도 돈이 많았더라면 개인전을 더 빨리, 더 크게 할 수 있었을 텐데, 하며 생각했던 적도 있었다.

항상 하고 싶은 일이 생기면 돈이 그걸 가로막았다. 뭔가를 하려면 돈을 아끼고 벌어서 해야 했기에 천천히 돌아갈 수밖에 없었다.

하지만 현실을 탓하지 않았다. 그래 봐야 내게 좋을 게 없다는 걸 잘 알기 때문이다. 오히려 그로 인해 내가 더 많은 경험을 할 수 있고, 탄탄하게 한 단계 한 단계 성장할 수 있는 배경이라고 생각했다. 밑바닥부터 고생해서 얻는 것이 쉽게 얻어진 것보다 훨씬 값지고, 배울 수 있는 것이 더 많았다. 나를 극한으로 몰아가면서 내 안의 한계를 깨는 것이 좋았다. 그 결과 어떤 일이 닥치더라도 결국 다시 일어설 수 있는 굳건함과 용기를 가질 수 있었다.

작업실의 인테리어는 비용 절감을 위해 직접 벽지 뜯기부터 페인트칠까지 했고, 가마가 고장 나면 배워서 직접 고쳤다. 그것은 훗날 시간과 비용을 절약하게 해주는 중요한 요소가 되었다.

도자기 작업도 쉽게 만들어지는 일보다 섬세하고 힘든 작업이 더 좋았다. 매번 같은 디자인을 유지하기보다는 새로운 디자인을 끊임없이 개발하고, 지금까지 남들이 하지 않았던 것을 찾아서 하려고 노력한다. 그러다 보면 전보다는 조금씩 더 발전해가는 것 같다.

운동을 배울 때도 시간이 더 걸리더라도 빨리 잘하려 하기보다 자세부터 기초를 탄탄하게 완벽하게 배우는 것에 집중한다. 그랬더니 처음에는 시간이 오래 걸리는 동작도 나중에는 오히려 남들보다 더 잘할 수 있었다. 사람을 고용할 때도 마찬가지다. 내가 알고 하는 것과 모르고 하는 것의 차이는 천지 차이다. 무언가를 할 때 내가 밑바닥부터 온전히 경험해 보고 하는 것과 쉽게 읽어지는 대로, 주어지는 대로 해보는 것은 다르다.

그래서 나는 여행할 때 캐리어보다 배낭을 더 좋아한다. 편하게 차를 타고 여행하는 것보다 걸어다니는 뚜벅이 배낭여행이 더 좋다. 물론 배낭도 무겁고 걷는 게 쉽지 않지만 살면서 쉽게 지나칠 수 있는 것들을 더 많이 보고 느낄 수 있기 때문이다. 그 안에서 진정한 나 자신과 마주하며 인생을 배울 수 있었다. 그리고 그런 경험들은 내 안의 도전의식을 끊임없이 불러일으킨다. 산티아고 순례길도 바로 그랬다.

삶도 일도 사랑도 아픈 만큼 성숙해진다는 말은 진리인 것 같다. 시련과 고통은 나를 더 강하게 만든다. 나를 떳떳하게 만들어준다. 그럼 된 거다.

간절함

하고 싶은 게 생기면 꼭 생각이 많아진다.
'해도 될까?'
'실패하면 어떡하지?'
'돈이 없는데.'
'지금 상황이 안되는데.'
생각이 많아질수록 하지 말아야 할 이유들만 늘어난다.

그럴 때는 이렇게 생각해본다.
'당장 쓸데없는 생각은 버리자!'
'해도 될까?'보다는 '하면 되지.'
'실패하면 어떡하지?'보다는 '실패하면 다시 하면 되지 뭐.'
'돈이 없는데'보다는 '돈을 만들자.'
'지금 상황이 안되는데'보다는 '할 수 있는 상황을 만들자'로.

안되는 이유보다는 해야 할 이유를 생각하고,
어떻게 하면 할 수 있는지 해결 방안을 찾는다.
그러면 무엇부터 해야 할지 알게 되고,

그대로 실행하면 된다.

만약 그렇게 생각했는데도 못 하겠다면,
그게 내가 정말 간절히 하고 싶은 것인지
다시 한번 생각해봐야 한다.

내가 정말 원하는 것이라면
그런 생각조차 하지 않을 것이다.
마치 사랑하는 사람을 조건 없이 사랑하듯이 말이다.

그것은 내가 간절히 원하는 것이 아닐지도 모른다.
내가 정말 간절히 원한다면 어떻게든 하려고 할 것이다.

나에게 자유란

'자유'를 얻고 싶은 만큼,
자유를 얻은 만큼
자신에 대한 많은 책임이 따른다.

나는 오래전에 '자유'를 선택했다.
내가 하고 싶은 일을 하고 시간에 구애받지 않으며
원하는 것을 해나갈 수 있는 자유.

자유란 무엇에 얽매이지 않고
자기 마음대로 행동하는 것이라고 배웠지만
나에게 자유는 내게 주어진 것 중 가장 최선의 선택을 하고
그것을 끝까지 감당해내는 힘을 뜻했다.

그 힘은 그냥 주어지는 것이 아니었다.
나의 선택이었기에 스스로 일궈내야만 했다.
자유라는 것을 얻은 만큼 모든 부분에 있어서
내가 주체가 되어야만 한다.

수동적이 아닌 능동적인 사람으로서
스스로를 제어하고 스물네 시간을 책임져야 하는 임무가 주어진다.

자유는 그 말의 무게가 얼마나 무거운지 알게 해주었다.
인생이 끝나는 그 순간까지 나는
내가 사랑하는 일과 최선인 일을 선택할 것이고
그 선택을 끝까지 책임져야 한다.

시간이 해결해줄 거라는 말

어릴 때부터 들었던 말 중
시간이 다 해결해줄 거라는 어른들의 말은
모두 거짓말이었다.
결국 시간은 아무것도 해결해주지 않았다.

그 언젠가의 일을 지금 웃으며 말할 수 있는 건
그 시간 속에서 나만의 방법으로 노력했기 때문이다.

힘들다고 솔직히 말하며 위로받고
새로운 사람들도 만나고 좋아하는 걸 찾아보았다.
순간마다 내 감정에 솔직해지려고 노력했다.

아무리 시간이 흘러간다 한들
일 년, 오 년, 십 년을 똑같은 생각으로 있다면
변하는 것은 아무것도 없을 것이다.
아마 변하는 건 내가 사는 동네의 모습 정도겠지.

시간이 해결해준다는 말은 거짓말이다.

최선을 다해서 괜찮아지길 바라는

마음과 노력만이 해결해줄 뿐이다.

결국 내가 바뀌어야 한다.

2부

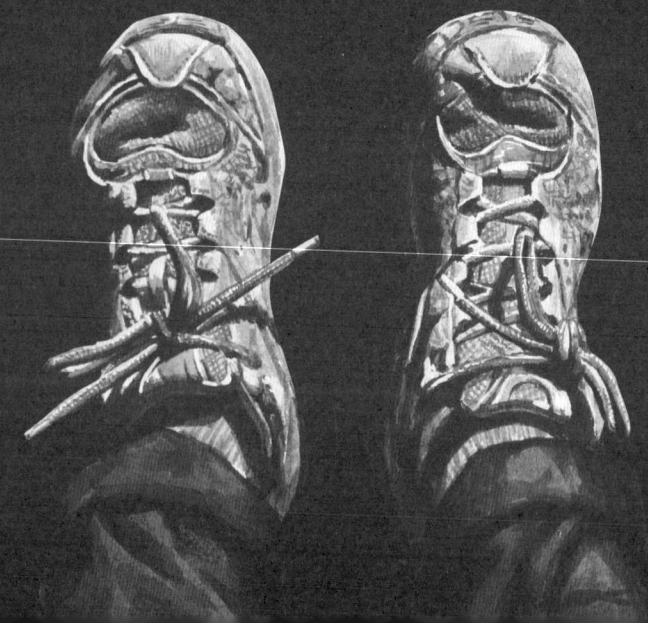

내 속도에 맞춰 걷는다는 것

산티아고 순례길은 우리의 인생을 담은 한 권의 책과 같아.
아홉 번의 순례길에서 깨달은 삶의 속도와 화살표의 방향!

노란색 화살표

때로는 저 멀리 앞을 볼 수 없어서
미래가 보이지 않아서 답답하다.

내가 지금 잘 걸어가고 있는 건지,
내 삶을 잘 살아내고 있는 건지,
목적지를 향해 잘 가고 있는 게 맞는지.

다행히도 여기에선 그런 걱정을 하지 않게 된다.
노란색 화살표만 보고 걸어가면 되니까.
아무 생각 없이 그냥 걷다 보면
어느샌가 나오는 노란색 화살표가 얘기해준다.
'너 지금 잘 걸어가고 있어. 걱정 마!'라고.

참 좋다.

있잖아,
너무 걱정 마.

너와 나, 우리 모두

한 걸음 한 걸음 잘 나아가고 있으니까.

삶이라는 길 위

당신은 지금 삶의 어디쯤에 있나요?

어느 길로 오고 있나요?

어디로 가고 있나요?

지금은 어디를 지나고 있나요?

어디를 바라보고 있나요?

눈앞에는 뭐가 보이나요?

삶이라는 길 위 어디쯤에 있나요?

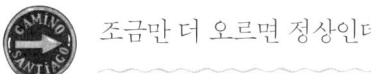 조금만 더 오르면 정상인데

높은 언덕길이다.
한 발짝 한 발짝 숨결을 고르며 천천히 걷는다.
한달음에 정상에 오르고 싶은 마음 굴뚝같지만
다리의 근력이 허락하지 않는다.

하지만 조금씩 오를수록 의지가 강해진다.
언젠가는 정상에 다다르게 마련이다.
그런 믿음이 있는 한 속도는 중요하지 않다.

산을 오르기로 마음먹었으면
조금 늦더라도 끝까지 가는 것이 중요하다.
천천히 가도 괜찮다.
포기만 하지 않으면 반드시 정상에 오르게 되어있다.

그러니 포기하지 않을 거다.
올라왔던 길을 다시 내려갈 수는 없잖아.
조금만 더 올라가면 정상인걸.

 ## 쉬라는 말

"제발 좀 쉬어. 너 그러다 죽어."
살면서 가장 많이 들었던 말 중 하나다. 쉬라는 말.
그런데 그 쉬라는 말이 그렇게 듣기 싫을 때가 있었다.
내 마음도 모르고 속 편히 하는 소리 같아서.

나야말로 하루라도 일 생각 안 하고 쉬고 싶다고.
쉬고 싶은데 그럴 수가 없다.
머릿속에 해야 할 일들이 맴돌아 떠나지질 않는다.
잘하고 싶고, 잘 해내고 싶어서 그랬다.

어떻게 더 열심히 해야 할까 하다가
그냥 열심히 하자고 다짐하는 매일이었다.

집에 들어가서 자야 할 시간이 다가오면
해야 할 것들이 머릿속에 꽉 차버렸던 시간들.
쉬는 것조차 불안이었다.

오랜 시간 쉬지 않고 앞만 보고 달려오던 사람에게
잠깐 멈추는 것은 정말 어려운 일이다.
쉬는 건 사치라고 느껴지는 사람에게
그 말이 오히려 상처가 될 수도 있다.

하지만 이제는 알겠다.
나에게 그렇게 얘기했던 네 마음을.
나도 네게 똑같이 얘기해주고 싶다.

"네 마음 뭔지 너무 잘 알아.
쉬지 못하는 거 너무 이해하고 알겠는데
난 네가 아프지 않았으면 좋겠어.
조금씩 쉬어가는 연습을 했으면 좋겠어."

잠깐 쉬어간다고 인생이 바뀌는 건 아니더고.
네가 행복했으면 좋겠다.

누구에게나 터닝포인트는 있다

누구에게나 좋아하는 책 한 권쯤은 있을 거다. 나에게도 그런 책이 있다. 좋아한다는 말로는 조금 부족하고 내 인생을 바꿔준 책이라고 해야겠다. 바로 파울로 코엘료의 《오 자히르》다.

대학에 입학하고 남자친구가 생겼다. 내가 하는 건 뭐든 좋아해주고, 나를 온전히 사랑해준 그런 친구였다. 그땐 잘 몰랐는데 나중에 헤어지고 나니 그게 나의 '첫사랑'이었다. 처음으로 누군가를 사랑하는 감정을 갖게 되는 것. 첫사랑은 이루어지지 않는다고 누가 그랬더라? 정말 그렇게 되었다. 이별을 겪고서 처음으로 내 인생이 통째로 사라지는 듯한 경험을 했다.

그깟 이별이 뭐라고! 좋은 남자는 많아! 삶의 일직선 위의 점일 뿐이야! 하지만 아무리 이렇게 생각해도 허전한 마음은 그대로였다. 그후로 몇 년간은 그때만큼의 행복이란 감정을 느낀 적이 별로 없었다. 매일 우울했고 슬픈 기억들뿐이었다. 사랑이라는 걸 알기에는 너무 어린 나이어서 그랬는지 그때는 그런 감정이 누구에게나 있는 게 아니라는 걸 잘 몰랐다. 이후 내 마음을 백 퍼센트 공감해주고 이해해주는 친구가 없었다.

그러던 어느 날 방 책장에 꽂혀있던 주황색 책이 보였다. 그 친구 덕분에 알게 된 책인데 일 년 전에 읽었던 기억은 있지만, 그 당시에는 별 감흥이 없었다. 이상하게 갑자기 그 책을 다시 읽어 보고 싶어졌다. 이틀에 걸쳐 오가는 지하철과 버스 안에서, 길거리에서 읽어 내려갔다. 책에는 밑줄을 긋고 싶은, 내 마음을 흔드는 문장들이 많이 있었다.

줄거리는 주인공이 어느 날 갑자기 말 없이 사라져버린 아내를 찾아 떠나는 이야기로, 주인공이 사랑으로 인해 자신의 진정한 내면과 마주하게 되는 그런 내용이었다. 주인공은 나의 모습과 많이 닮아 있었다. 아니 나와 똑같았다. 어쩌면 이렇게 나와 같을 수 있을까? 와, 내가 느낀 감정을 어쩌면 이렇게 똑같이 글로 표현해냈는지 사람에게서도 받지 못했던 위로를 책으로 받았다.

그 책에는 '산티아고 순례길'로 떠난 주인공이 있었다. 산티아고 순례길? 프랑스에서 스페인 국경을 넘어 남서쪽에 위치한 산티아고 데 콤포스텔라로 가는 길이라고 나와 있었다.

검색해보니 실제로 있는 길이었다. 한 달 동안 여행에 필요한 최소한의 짐들을 모두 넣은 무거운 배낭을 메고 800킬로미터에 이르는 그 길을 걷는다고 한다.

도대체 왜? 그 힘든 길을 배낭까지 메고 한 달 동안? 그곳에 뭐가 있길래? 찾아보니 작가는 실제로 두 번의 순례길을 걷고 나서 이 책을 썼다고 했다.

그리고 같은 저자가 쓴 《순례자》라는 책이 눈에 들어왔다. 순간 강한 무언가가 내 안을 비집고 들어왔다. 이 책을 다 읽고 나서 산티아고 순례길의 여정을 펜으로 그려보았다. '잘 보이는 곳에 붙여 둬야겠다.' 그러고는 내 방 책상 옆에 붙여 놓았다. 마치 그걸 계속 보고 있으면 어느샌가 내가 그 길 위에 서 있을 것만 같았다. 그리고 그 길 위에 오르면 나의 상처를 모두 길 위에 툭툭 털어버릴 수 있을 것 같았다.

바쁜 대학생활과 아르바이트, 직장생활로 사 년 뒤에야 그 길 위에 오를 수 있었다. 책을 읽은 이후 단 한 번도 마음속에서 그 길을 잊은 적이 없었다. 아무래도 잘 보이는 곳에 지도를 붙여 둔 덕분이었을까? 아직도 가끔《오 자히르》를 꺼내서 읽어 보곤 한다. 지금까지 열 번 정도 읽었나. 여전히 책 표지에 이렇게 적혀있다.

'이 책을 주우시면 여기로 연락부탁드려요. 저에게 소중한 책이에요. 김소영.'

첫사랑의 아픔에 공감해주고 산티아고 순례길도 알게 해준, 내 인생을 바꿔준 책. 그때는 몰랐지만 책을 읽으며 산티아고 순례길에 대해 알게 된 건 내 인생의 행운이었다. 아니면 운명이었을까. 내 인생의 터닝포인트는 그렇게 아픈 순간에 찾아왔다.

아홉 번의 산티아고 순례길

나의 첫 번째 산티아고 순례길은 그렇게 호기심으로 시작되었다. 아무것도 모르는 상태에서 내 한계를 깨고자 했던 무모한 도전이었다. 취업의 문턱에서 방황하던 나에게 이 길은 꿈에 대한 용기를 주었고, 무엇이든 해낼 수 있다는 자신감과 도전정신을 심어주었다.

그로부터 사 년 후 나는 초심으로 돌아가고 싶었다. 그래서 두 번째 순례길은 간절함과 절실함이 가득했던 시간이었다. 첫 번째 경험만으로는 부족했던 비움과 내려놓음의 복습이었다. 현실과 이상 사이에서 이상을 택했지만 그로 인한 현실의 압박이 컸다. 하지만 두 번째 순례길에서도 좋은 인연과 추억을 쌓을 수 있었다.

두 번째 순례길이 끝난 후 여행을 하면서 척추가 골절되는 사고가 나는 바람에 그로부터 이 년 후에나 떠날 수 있었다. 2017년 여름, 드디어 세 번째 순례길에 올랐다. 더 많이 걷기 위해 총 삼 개월의 시간을 할애했다. 많은 것을 내려놓고 떠났다. 앞선 두 번의 순례길 경험이 나를 자연스럽게 당연하듯

또 이끌었다. 그동안 놀라운 발전이 있었는데, 버리는 걸 잘 못했던 내가 이십여 년 동안 쌓아둔 많은 것들을 버렸다는 것이었다.

뭐든 좋은 건 반복해야 자연스럽게 습득되듯이 나는 이 길에 매년 오고 싶어졌다. 다른 길을 걷고 싶었던 나는 가장 좋아하는 프랑스길과 북쪽길 400킬로미터를 더 걸어 총 1,230킬로미터를 걸었다. 아홉 번의 순례길 중 가장 행복했던 때를 고르라면, 나는 주저하지 않고 이때를 고를 것이다.

그다음 해에는 계절상 조금 다른 경험을 하고 싶은 마음에 가을에 떠났다. 프랑스길을 다 걸은 후 포르투갈길에 도전했다.

여러 번 오면서 좋았던 점은 점점 경험과 노하우가 쌓인다는 것이다. 처음 걸었을 때는 아무것도 모르고 걸었기에 부족한 점이 많았다. 매번 걸을 때마다 어깨와 발목, 무릎, 골반 등의 아픔과 부상이 가장 힘들었다. 하지만 세 번째부터는 걸을 때마다 스트레칭을 했다. 스포츠테이핑으로 미리 다치는 것을 예방하고, 아플 것 같으면 몸의 신호를 무시하지 않고 쉬었다. 배낭을 싸고 메는 방법도 익히면서 어깨 아픔을 줄일 수 있었다. 부상이 줄어드니 순례길이 더욱 가벼워졌다.

 일 년도 채 되지 않아 부모님을 모시고 순례길에 가게 되었다. 다섯 번째 순례길은 가족과 함께하고 싶었고, 엄마의 환갑을 맞이한 나의 깊은 마음의 선물이었다. 언제나 혼자 떠났었기에 누군가와 함께 순례길에 오르는 건 처음이었다. 시간이 일주일뿐이라 부모님께 보여드리고 싶은 곳과 걷고 싶은 곳을 중심으로 걸었다. 물론 부모님의 여건에 맞춰서 일정을 계획하는 게 가장 어려웠다. 마찰도 여러 번 있었지만, 나중에 돌이켜 보니 가족과의 소중한 기억으로 남아 뜻깊었다.

 그후로는 코로나19로 인해 이 년이 넘는 시간이 지나서야 다시 갈 수 있었다. 이전의 순례길이 나에게 다가오는 상황을 받아들이는 공부였다면, 그다음 순례길은 내 안에서 나를 있는 그대로 받아들이는 과정이었다. 다가오는 상황을 받아들이는 것보다 내 자신을 이해하고 받아들이는 시간이 훨씬 오래 걸리고 어렵다는 것을 깨달았다. 공백이 길어지자 참아 온 마음이 터져버려 여섯 번째, 일곱 번째, 여덟 번째 순례길은 단 일 년 동안에 모두 이뤄졌다.

드디어 나의 아홉 번째 순례길이었다. 그렇게 지금까지 아홉 번의 순례길을 걸으며 어떤 것으로도 환산할 수 없는 삶의 가치를 깨닫게 되었다.

배낭을 메고 한 달을 걸어야 하기에 평소에도 더 건강해지고 싶은 마음.
배낭의 무게를 줄이기 위해 습득된 버리고 비워내는 습관.
하루하루 힘들어도 견뎌내는 끈기와 참을성.
무념무상을 받아들이는 일.
일상과 거리를 두고 걸으며 단순해지는 일상.
삶에는 생각보다 많은 것이 필요하지 않다는 사실.
평소에는 하기 쉽지 않은 전 세계 사람들과의 교류.
가치관이 비슷한 좋은 사람들과의 만남과 이야기.
외국 친구들과 대화하면서 외국어가 늘 수 있는 절호의 기회.
나의 한계를 깨닫고 적절한 정도를 찾아가는 일.
해가 뜰 때의 분홍 보라빛 하늘과 해가 질 때의 노을.
내가 좋아하는 토르티아와 순례길 위 음식들.

하루 종일 걸어서 마음껏 먹어도 살이 찌지 않는 건강함.

하루의 걷기를 끝내고 씻고 나서 쉴 때의 행복처럼 사소한 것에 감사하는 마음.

어떤 일도 겸허히 받아들이게 되는 건강한 마음.

편안하게는 얻을 수 없는, 고생해야만 얻을 수 있는 값진 것들.

무엇보다도 나 자신과 진정으로 마주할 수 있는 곳.

이 길을 걷는 동안 먹고 자고 입는 기본적인 의식주부터 사람들과의 만남과 헤어짐, 사랑, 우정, 인간관계, 상처, 아픔, 기쁨, 나눔, 슬픔까지 인생에서 몇십 년에 걸쳐 배우는 것들을 축약적으로 느낄 수 있었다. 수백 권의 책과 비교할 수 없는 이 소중한 시간을 여러 번 가지면서 느꼈다.

이 고행의 길은 항상 같은 길이지만 다른 시간, 다른 온도, 다른 사람들, 그리고 다른 내 상황들이 이 길을 새롭게 만들어준다. 무엇이든 자주 해야 습관이 되고, 그것이 나만의 인생이 된다는 것을 알게 해주었다.

사람들에게 가능하면 한 달을 다 걷는 것을 추천하고, 배낭을 메고 걷기를 권하는 이유가 있다. 모든 것에는 기승전결이 있듯이 이 길도 마찬가지기 때문이다. 그냥 걸으면서는 느낄 수 없는 것들을 경험하고, 생각하지 못했던 것들을 생각하게 되기 때문이다.

  순례길은 나에게 에너지이자 유일한 마음속 탈출구다. 이렇게 나는 지금까지 아홉 번의 산티아고 순례길을 다녀왔고, 이 여정은 내 삶에서 계속될 것이다. 앞으로 몇 번을 더 가게 될지 나 자신도 궁금하다.

  이 길은 여전히
나를 더 단단하게 해주고
나를 더 단단하게 만들고 싶어지게 한다.

 감사한 삶

작은 것에 감사한 마음을 잊어갈 때쯤
산티아고는 나에게 이야기한다.

두 다리로 걸을 수 있는 것.
하늘을 바라볼 수 있는 것.
시원한 바람과 따사로운 해를 느낄 수 있는 것.
아름다운 새 소리를 들을 수 있는 것.
물을 마시고 음식을 먹을 수 있는 것만으로도
하늘이 주신 엄청난 축복이라고.

나에게 주어진 수많은 당연한 것들을
당연하게 받아들이지 말라고.
이 세상에 당연한 것들은 하나도 없다고.

산티아고는 끝이 아닌 또 다른 시작

순례길을 걷다 보면 몸이 잠깐 쉬어가자고 신호를 보낸다. 근방에 카페가 있으면 들어가지만, 없을 땐 떠돌이처럼 길바닥에 철퍼덕 앉아 싸 온 음식을 먹기도 한다. 생각보다 목적지에 일찍 도착한 날은 개울에 발을 담그며 여유를 즐기기도 한다. 그러고는 다시 땡볕 아래를 터벅터벅 걷는다.

이런저런 생각이 난다. 내 삶에 대해, 앞으로의 미래에 대해. 그러다 문득 보이는 꽃이 너무 예뻐서, 말을 거는 친구 덕분에 생각을 멈춘다. 간혹 너무 더운 날씨에는 그늘만 보이면 배낭을 옆에 던져두고 땅바닥에 눕는다. 그러다 어느새 알베르게(숙소)에 도착한다.

삼십여 일을 걸으면 산티아고 대성당에 도착한다. 800킬로미터를 언제 다 걷나 했던 것이 엊그제 같은데 그렇게 시간이 쏜살같이 지나간다. 곧 여정이 끝나간다는 생각에 기분이 울적하기도 하지만, 막상 도착하면 고향에 도착한 듯 너무 행복하다. 함께 도착한 친구가 있다면 기쁨은 두 배다.

산티아고 데 콤포스텔라 대성당에 도착하면 걸음을 끝낼 수도 있고, 더 걸어갈 수도 있다. 더 걸어갈 수 있는 곳은 '세상의 끝'이라고 부르는 피스테라다. 이곳은 산티아고 대성당에서 걸어서 100킬로미터 정도 떨어진 곳에 있다. 넉넉히 사 일은 잡고 걸어가야 한다. 그렇게 세상의 끝으로 가면 정말 끝없는 바다가 펼쳐진다. 많은 사람들이 순례를 마치고 이곳에서 순례를 마치는 파티를 열기도 한다.

세상의 끝이지만 한편으로는 세상이 시작되는 곳. 산티아고는 끝이 아닌 또 다른 시작점이다.

 하나의 길

오르막이 있으면 내리막이 있고
내리막이 있으면 평지도 있다.
자갈길이 있으면 아스팔트길도 있고
흙길이 있으면 돌길도 있다.
얼핏 보면 다 다른 길이지만 결국엔
모두 똑같은 하나의 길이라는 걸 알게 해준 곳.

단순한 하루의 일과

세 번째 순례길 오 일 차. 든든히 먹고 간식거리를 챙겨서 이른 아침 여섯 시에 출발했다. 하늘을 바라보며 시원한 새벽 공기를 마셨다. 걷기를 시작할 때 두 팔을 쫘악 벌리면 그 순간 만큼은 마치 내가 이 세상을 다 가진 느낌이 든다. 해가 뜨기 전의 하루의 시작은 늘 하늘이 귀띔해준다. 비석 위에 올려져 있는 돌에는 사람들이 메모를 써놓은 흔적이 보인다.

끝없이 이어지는 길. 조금 걸어가니 오늘의 목적지인 에스테야까지 12.8킬로미터가 남았다는 표지판이 보인다. 오늘은 다행히 많이 힘들지 않다. 길도 평탄하고 어깨도 발도 조금 적응했는지 덜 아프다. 처음에는 무거운 배낭 무게 때문에 힘들었는데 시간이 지나니 무뎌졌다. 올 때마다 배낭 무게가 조금씩 다른데 이번 배낭 무게는 십사 킬로그램이다. 걸을 때마다 듣게 되는 외국 친구들의 한마디 "So young, so strong!"

'어, 달팽이네.' 걷는 중에 발밑에 달팽이를 종종 발견한다. 밟힌 달팽이들을 자주 봤기에 밟힐까 봐 걱정이 되어 살며시 들어 풀밭에 놓아주었다. '저렇게 천천히 가다가 밟혀

죽으면 어떡해. 깔려 죽을지도 모르는데 저렇게 길을 건너가다니…… 용감하네. 나도 이렇게 용감하게 살아야 하는데. 생각해보면 우리 역시도 언제 죽을지 아무도 모르는 인생인데…….'

혼자 중얼거리다 중간쯤에 있는 카페에 들렸다. 오렌지주스를 한 잔 마시고서 다시 혼자 걸었다. 도로로 빠져나와 계속 걷고 있는데 어느샌가부터 순례자들이랑 표지판이 안 보이기 시작했다. 아차, 길을 잘못 들어선 거였다. 지도를 보니 목적지로는 가고 있는데 도로를 따라 걷고 조금만 더 가면 까미노 길이랑 마주치는 곳이 나온다고 지도에 표시되어 있었다.

그렇게 한 시간가량 혼자 도로를 따라 쭉 걸어갔다. 좀 위험하긴 하지만 음악을 크게 틀어놓고 노래를 부르면서 신나게 가니 길을 잘못 들어선 게 나쁘지만은 않다는 생각이 들었다.

그래, 잘못된 길이란 없다. 다만 가는 길이 조금 다를 뿐이다. 걸어가다 드디어 두 지점이 만나는 곳을 발견했다. 한참

만에 순례자를 발견하자 괜히 안도가 되어 더 반가웠다. 알고 보니 도로로 나갔을 때 왼쪽으로 꺾었어야 했는데 그렇지 않아서 생긴 일이었다.

드디어 에스테야 공립 알베르게에 도착했다. 이전에도 묵은 적이 있는 곳이었다. 도착해서 짐을 풀고 나면 씻고 빨래를 한다. 그리고 수다도 떨고 잠시 누워 있다가 간식도 먹고 낮잠도 자고 저녁식사할 곳을 찾아다닌다.

도착한 날이 일요일이라 상점이 거의 다 문을 닫았다. 그곳에서 만난 친구 엠버는 디자이너인데 일을 그만두고 왔다고 한다. 다시 돌아가면 일자리부터 찾아야 한다고 한다.

순례길을 걷다 보면 자주 마주치게 되는 친구들이 있다. 걸으면서 얘기도 나누고 헤어졌다가 다시 만나고 인사하고. 그러다가 어느새 나도 모르게 정이 든다. 그렇다고 이후에도 계속 연락하고 지내고 만나게 되는 것은 아니지만 요즘에는 소셜미디어가 워낙 잘되어 있어서 꾸준히 연락하고 다시 여행 갔을 때 또 만나기도 한다.

이렇게 전 세계에 친구들을 한 곳에서 만나고 친구가 생기게 되는 것도 순례길이기에 가능한 일이기도 하다. 더 걷지 말까 하다가도 친구들과 함께하고 싶어서 더 걷는 경우도 있다. 물론 몸이 허락해야 가능하겠지만.

인생도 그런 게 아닐까. 만남과 헤어짐의 연속. 혼자였다가 함께였다가 다시 혼자이기도 하지만 결국에 우리 모두는 관계 속에 살고 있다는 것. 그리고 살아가면서 태어나서 죽을 때까지 언젠간 또 인연이 된다면 마주칠 수도 있을 것이다.

나 역시 누군가 가끔 산티아고를 걷던 추억을 꺼내 봤을 때 나를 생각하며 활짝 웃음 지을 수 있는 그런 사람이 되고 싶다.

조금 느려도 괜찮아

처음 가는 길이라면 그늘이 있고 쉽고 빠른 지름길보다는
조금 돌아가더라도 묵묵히 곧게 뻗은 뜨거운 길을 걸어갈 것이다.
내가 신뢰하고 살아온 방식대로
가끔 막막할 때도, 답답할 때도, 주저앉고 싶을 때도 있었지만
그것이 내겐 단단한 밑거름이 되어주었다는 걸 안다.

산티아고 순례길을 수차례 걸으며 느낀 건
종착점에 빨리 도착한다고 좋을 게 없다는 것이다.
내 상황과 패턴에 맞춰서 천천히 걸을수록
더 많이 보고 느낄 수 있고
중요한 걸 잃지 않을 수 있었던 것처럼 말이다.
한 계단 한 계단 그렇게 묵묵히, 조금 느려도 괜찮다.
우리 모두는 언젠가 각자의 종착점에 다다를 테니까.

산티아고는 매번 작은 것에서 오는 감사함을 느끼게 해준다.
숨이 벅차오를 듯한 고통에 시원한 바람 한 줄기와
땡볕 아래 나무 밑의 조그마한 그늘이 그렇다.

너무 힘든 날 함께 걷는 친구의 재밌는 대화나
바람 같이 살랑거리는 소소한 일상 같은 것 말이다.

가끔은 원초적인 질문을 던지기도 한다.
내가 왜 걷고 있는지,
내가 무엇을 바라고 여길 왔고,
왜 이 길을 걷고 있는지.
나의 종착지는 어디일지.
그런 궁금증을 갖고 하루를 시작하기도 한다.

때로는 너무 힘들어서 그만두고 싶을 때도 있다.
하루 종일 누군가를 생각할 때도 있고
문득 미웠던 사람이 떠오르기도 한다.

주의를 기울이지 않고 걷다가도
땅에 있는 달팽이를 의식적으로 피하며 걷기도 하고
너무 심심할 땐 드라마를 켜기도 한다.

주위에 아무도 없을 땐

블루투스 스피커로 음악을 크게 틀고

아주 신나게 춤을 추면서 노래를 부르며 갈 때도 있다.

오늘의 종착지에 닿지 못한 발걸음이 무거워도 계속 걷는다.

나뿐만 아니라 함께 걷는 친구들 모두가 그렇다.

견디기 힘들고 더워도, 묵묵히 발을 옮긴다.

자신만의 생각들과 기억들, 아픔과 즐거움을

한걸음 한걸음에 무겁지만 사뿐히 싣고 나아간다.

짊어지고 가는 배낭의 무게가 삶의 무게처럼 느껴질 때도 있으며

때론 그것보다 더 무겁게 느껴지기도 한다.

그래서 이 길은 결코 가볍지 않다.

이는 수많은 사람들의 삶의 무게가 흩뿌려진 발자국의 길이다.

 그리운 곳

뜨거운 태양 아래 높은 언덕을 다 오른 후 걸어왔던 길을 바라보며 생각했다.
"와, 드디어 정상이다!"
힘들었던 시간은 이미 지나갔고, 나는 정상에 도착했다.
기쁘고 시원하고 상쾌한 그때의 만족감이란 잊을 수가 없다.

십 킬로그램이 넘는 인생의 배낭을 메고 끝없이 펼쳐진 길을 걷는다.
어깨뼈가 파이는 듯한 시린 고통과
온갖 무게로 짓눌리는 듯한 발바닥의 아픔,
부어서 펴지질 않는 종아리.
무릎과 발목에도 이상이 생기기도 한다.

하지만 그 고통을 이겨내고 나면
내 몸과 마음의 소리에 더 귀 기울이게 된다.

무엇이든 해낼 수 있다는 나에 대한 신념과 자신감.
어떤 상황에서도 포기하지 않는 끈기.

새로운 곳을 찾아 나서도 두렵지 않은 모험심.

어떤 상황이 닥쳐도 겸허히 받아들이게 되는 담담함.

목적지를 정하고 끝까지 나아가는 결단력.

정말 필요한 것 이외엔 버리고 내려놓을 수 있는 미니멀리즘.

하루하루를 소중히 여기는 감사한 마음.

이 모든 것들이 나도 모르는 사이에 내 곁에 자리해 있다.

길은 나에게 많은 것을 깨닫게 한다.

그건 길바닥 위에 덩그러니 놓여져 있다기보다는

내가 깨달을 수 있도록 길 위에 있는 수많은 생명체가 도와준다.

혼자서는 절대 깨달을 수 없는 것들이다.

나는 무거운 배낭을 짊어지고 있는 내 모습이 가장 좋다.

힘들어도 세상을 다 가진 듯 행복하다.

아니 정말 세상을 다 가졌을지도 모른다.

벌써부터 그리워진다.

기다려, 너를 만나러 곧 다시 갈게.

아홉 번, 산티아고 순례길을 계속 떠나는 이유

"지금까지 아홉 번의 산티아고 순례길 중에 가장 기억에 남는 에피소드가 있나요?"

이런 질문을 종종 받는다. 생각할 필요도 없이 언제나 딱 한 가지가 떠오른다. 도자기 카네이션을 판매해서 모은 자금으로 올랐던 나의 첫 산티아고 순례길이다. 순례길 첫날은 정말 설렘으로 가득했다. 사 년 동안 꿈만 꿔 왔던 곳이었으니까. 내 앞에 어떤 일이 닥칠지도 전혀 알지 못했다.

프랑스길의 첫날은 생장Saint-Jean-Pied-de-Port에서 시작해서 해발 1,450미터의 피레네산맥을 넘는 일정이었다. 다들 첫날이 가장 힘들다고 하는데 '이렇게 힘들 줄 알았으면 시작이나 했을까?'라고 생각할 정도로 상상 이상으로 힘들었다.

가장 큰 문제는 경비를 모으느라 운동을 전혀 못 하고 왔다는 것이었다. 늘 체력만큼은 자신 있다고 자부해 왔는데 터질 것 같은 근육통으로 너무 힘들어서 울고 싶었다. 아픔을 곧잘 참는 편인데, 이번에는 견디기 힘들었다. '내가 여기 왜 왔지?'라는 생각만 수백 번을 했다. 난생처음으로 십 킬로그램 무게의 배낭을 메고 열두 시간을 산행했다. 쌀 한 포대 무게의 배낭을 메고. 상상이나 해봤겠는가? 더군다나 해발 1,450미터를 오르는 산행이었다.

첫날 파리에서 스페인으로 걸어서 국경을 넘었다. 아침 여섯 시에 출발해 저녁 여섯 시가 다 되어서야 종착지에 도착했다. 기쁨의 눈물이 나올 것만 같았다.

그후로 한 일주일 동안은 하반신과 발에 감각이 없었다. 걷기 시작한 지 이 주 정도 지났을 때 뭔가 안 좋은 낌새가 왔다. 점점 허리가 굳어지는 것이 느껴졌다. 제법 건강한 내게 치명적인 고질병이 하나 있었는데, 요방형근 통증이었다. 대학 때부터 시작한 도자기 수업에는 물레 작업이 있다. 물레를 앞에 두고 다리를 벌리고 앉아서 흙을 쳐서 물레에 고정시킨 후 허리를 구부리고 팔꿈치를 무릎 위에 올려 흙을 올리는 것이다(영화 〈사랑과 영혼〉에서처럼). 이게 생각내로 잘 안돼서 화도 났지만, 은근히 매력이 있어 한때 이 물레에 빠지기도 했다.

그 결과, 허리와 골반의 근육이 경직되어 한동안 우산을 짚고 다녔다. 이 통증이 심할 땐 걷는 것도 어려워서 약을 먹고 누워 있어야 했다. 제때 제대로 치료도 받고 운동도 했어야 했는데, 돈이 없던 시절이라 제대로 치료를 받지 못했다. 지금까지 여전히 고질병으로 남아있는 그 통증은 첫 번째 산티아고 순례길에서 그 사악한 힘을 발휘했다.

 아니나 다를까 내가 우려했던 일이 현실이 되었고, 다리를 절면서 걷는 상황이 왔다. 발바닥과 종아리와 무릎, 어깨 통증이 익숙해지고 나니 이제는 다시 고질병 통증의 시작이라니! 나는 오기를 부렸다. 다리를 절면서도 무거운 배낭을 포기하지 않았다. 당연히 통증이 점점 더 심해졌다. 뒤에서 걸어오던 동갑내기 스페인 커플 라파와 올라이아가 내게 말을 걸었다.

 "소영, 너 괜찮아? 너 많이 안 좋아 보여."

 "괜찮아. 천천히 걸으면 괜찮을 거야."

 "배낭도 무거워 보이는데…… 그거 나 줘!" 커플이 내 배낭을 풀며 이야기했다.

"내 배낭을? 아니야, 정말 괜찮아! 너희들 배낭도 무거운데." 나는 미안해서 한사코 거절했다. 하지만 그 커플은 한 시간이나 내 배낭을 메고 걸어주었다. 옆에 있던 다니엘은 스틱을 빌려주었다. 뒤에서 천천히 따라가고 있는데 그 마음이 너무나도 고마워서 눈물이 났다. 다들 힘들긴 마찬가지고, 본인들 배낭도 걷다가 벗어던지고 싶을 텐데.

다음 날은 배낭을 다음 종착지로 보내서('동키 서비스'라고 부른다) 배낭 없이 걷는데도 걷지 못할 지경까지 이르렀다. 정말 최악이었다. 결국 걸음을 멈추었는데 친구들을 먼저 보내고 나니 눈물이 왈칵 쏟아졌다. 그렇게 서러울 수가 없었다. '운동 좀 하고 올걸.' '스트레칭이라도 할걸.' 후회해봤자 소용없었다.

그새 정든 친구들이 너무 보고 싶었다. 혼자가 될 줄 알았는데, 다행히도 일본인 친구 마멤을 다시 만났다. 햇빛 때문에 종아리 전체가 붉게 알러지가 일어났고 물집이 크게 잡혀서 걷지 못하니 함께 병원을 가 보자고 했다. 겨우 일어나서 정말 별의별 생각이 다 들었다. '여기까지만 걷고 나머지는 나중에 다시 와서 걸을까?' '기차를 타고 친구들 있는 곳으로 갈까?' 하지만 여기서 끝내는 것은 아닌 것 같았다. '그래, 조금 쉬어야겠다.'

그나마 혼자가 아니어서 다행이었다. 병원에서 비용이 많이 나올까 봐 걱정했는데, 크레덴시알(순례자 여권)을 보여주니 무료로 진찰해주었다.

"삼 일 동안은 무조건 걷지 말고 쉬어야 해요. 약 하루에 세 번 오 일 동안 복용하고 배낭 무게를 육 킬로그램까지 줄여야 해요. 무리하면 안 됩니다." 의사가 말했다.

병원에서 돌아와 배낭의 무게를 줄이려고 필요 없는 건 최대한 뺐다. 버리지 못하고 모든 것을 꽁꽁 쥐고 있던 나는 처음으로 무언가를 덜어내는 작업을 했다. 죽을 것 같은 기분에 사로잡히니 무엇을 골라내야 할지 더 명료해지고 쉬워졌다.

하지만 짐을 빼도 배낭은 여전히 무거웠다. 그래도 쉬면서 약을 잘 챙겨 먹은 덕분에 삼 일이 지나니 많이 나아져서 걸을 수 있는 상태가 되었다. 여전히 배낭을 메고 걸을 상태는 아니었지만 상태가 좀 좋아지니 친구들이 있는 곳으로 가야겠다는 생각뿐이었다.

"지금 어디야? 나 이제 걸을 수 있어. 택시 타고 너희 있는 곳으로 갈게." 나는 곧장 친구들이 있는 곳으로 갔다.

"소영, 이제 괜찮아?" 다시 만난 라파가 물었다.

"응. 그때 배낭 들어줘서 너무 고마워."

"에이 아무것도 아니야!" 라파가 말했다. 아무것도 아니라니 또 한 번 울컥했다.

너무 고마웠던 스페인 커플 라파와 올라이아. 첫날, 장장 열 시간 동안 피레네산맥을 넘으며 죽을 고비를 넘길 때 함께 바위 아래에 앉아 치즈를 나눠 먹던 친구들. 힘든 걸음을 끝내고 함께 고통스러운 무릎과 발의 통증, 물집을 위로하던 순간. 네 시간이면 갈 거리를 여덟 시간을 걸어갈 때도 함께해줬던 친구들. 주저앉고 싶을 때 함께 힘내자며 손을 내밀어주던 순간들.

돌이켜 보니 가장 기억에 남는 순간은 그들과 힘든 순간을 함께 나누었던 기억들이었다. 그 기억들은 지금도 생각하면 울컥해지고 가슴이 따뜻해지는 추억으로 남아있다.

비석과 표지판

산티아고 순례길의 표지판은
산티아고 데 콤포스텔라를 향해 잘 가고 있는지 알려준다.
길 중간중간 우뚝 서 있는 이 비석들은
갈라지는 길에서 특히 중요하다.
어느 방향을 가리키고 있는지 확인해야
올바른 길을 갈 수 있다.

우리 인생에도 이렇게 방향을 알려주는
비석이 있다면 얼마나 좋을까.
내 마음의 소리를 비석이라고 생각해보고
마음이 가는 곳으로 가 보는 것도 좋겠다.
때로는 머리보다 마음의 소리를 따르는 것이
덜 후회하게 해주기도 하니까.

 다양한 길

삶이라는 길에는 맞고 틀린 길이 없더라고.

저 거리는 더 멀지만 평평한 길로 쭉 돌아가도 되고,

이 거리는 가까운데 좀 험한 산 능선을 타고 가도 돼.

옆에 바다를 보면서 걸어갈 수 있는 길도 있고,

여러 마을과 산을 지나갈 수 있는 길도 있어.

걷다 보면 비가 와서 질퍽해진 흙길도 있고,

유난히 돌이 많아 전체가 큰 자갈돌로 된 길도 있어.

쭉 펼쳐진 고속도로 옆 아스팔트길도 있고,

양옆에 풀이 우거진 잔디밭이 펼쳐진 산길도 있어.

가끔은 정상이 보이지 않는 오르막이 나오다가도

발목 끈을 꽉 조여야 할 내리막이 나오기도 해.

어떤 길을 가든 우리가 걷는 길은 나의 길이 되는 거야.

내가 원하는 길을 선택하고 후회하지 않으면 돼.

넘치게 열심히 해도 되고,

적당히 열심히 해도 되고,

조금 열심히 해도 돼.

정해진 건 없어.

빨리 오든 늦게 오든

그저 걸어가다 보면 결국 같은 목적지에서 만나게 되니까.

 쉼의 법칙

산티아고의 길 위에서는
평상시의 내 모습이 여과 없이 드러나곤 한다.

쉬어가는 것 또한 그렇다.
나는 바쁜 일들을 끊임없이 만들어내고
잘 쉬지 않는 성격 때문에
몸이 아프고 고생한 적이 많았다.
걷고 달릴 때가 있으면 제대로 쉴 줄도 알았어야 했는데
내 몸이 말하는 소리에 귀 기울이지 않았다.

하지만 산티아고를 걸으며
온전히 내 몸이 하는 이야기에 귀를 기울이게 되었다.
언제나 달리고 또 달리기만 했던 나 자신을
어느 정도 내려놓고, 제대로 쉬는 법을 알게 되었다.

쉬어감은 잠시 욕심을 내려놓는 일이다.
내려놓지 않으면 쉬어갈 수 없다.

그동안 쌓아왔던 욕심은 잠시 내려놓자.

제대로 쉬는 방법을 알게 되면

우리는 더 멀리 나아갈 수 있는 힘이 생긴다.

 ## 사랑이다

이번에도 최저가 항공권에 맞춰 산티아고 순례길 일정을 잡았다. '나는 왜 또 이 길에 오르는 것일까?' 문득 그런 생각이 들었다. 매일 찌는 더위 속에서 25~30킬로미터씩 걷는다. 땀을 흘리고 손빨래를 해야 하고 걷는 고통을 견뎌야 한다.

왜 매번 이런 고생을 자처하는 걸까? 다녀온 지 팔 개월 만에 난 왜 또 이 비행기에 올라 있는 걸까? 뭐가 그렇게 좋아서? 내 자신에게 되물었다. 이내 머릿속이 하얘졌다. 쉽게 대답이 나오지 않는다. 나도 내가 왜 이러는지 모르겠다. 길 위에 있을 때는 너무 행복하고, 길에서 떨어져 있으면 또 그리워서 미칠 것 같다. 돈이 없으면 어떻게든 벌어서 가게 만드는 길. 전혀 계산하지 않게 된다. 아니, 이거 사랑 아니야? 사랑이 아니고서야 설명이 되질 않는다.

사람들이 도대체 산티아고에 왜 자꾸 가냐고 묻는다. 산티아고는 나에게 산소호흡기 같은 존재다. 작업에 언제나 힘을 쏟느라 지쳐있는 내게 산티아고는 항상 강한 에너지를 불어넣어주었다. 그 경험과 추억은 내가 살아가게 해주는 그런 호흡기 같은 존재였다.

산티아고는 내 고향이기도 했다. 우리가 태어난 곳, 어릴 때의 향수가 젖어있는 곳. 언제나 다시 돌아갈 수 있는 곳. 마음속 깊이 간직되어 있는 곳. 항상 그리운 곳. 정든 곳. 힘이 들 때마다 찾으면 나를 포근하게 안아줄 것 같은 따뜻한 곳.

그런 곳을 우리는 고향이라 부른다. 나는 서울에서 태어나 오랜 시간을 서울에서만 살아왔다. 내가 태어난 서울은 언제나 너무나도 빠르게 돌아갔고 복잡했다. 수많은 사람들 사이에 치여 치열하게 살아가는 곳이었기에, 가끔은 고향이 시골인 친구들이 부럽기도 했다. 곤충을 잡으며 맘껏 뛰놀 수 있는 곳, 밤이 되면 별이 가득한 하늘을 눈에 담은 채 누워 있을 수 있는 그런 곳 말이다.

세 번째 순례길을 완주했을 때 처음으로 특이한 감정을 느꼈다. 서울도 아니고, 멀리 떨어져 있는 데다 자주 가던 곳도 아닌데 왜 이렇게 따뜻하지? 왜 나를 포근히 감싸 안아주는 느낌이 들지? 왜 눈물 나게 행복한 거야? 아, 사람들이 말하는 고향에 대한 감정이 이런 건가? 순간, 너무 벅차올랐다. 순례길이 내 고향으로 가는 길 같았다. 사람마다 고향에 가는 방법은 여러 가지다. 차를 타고 갈 수도 있고, 비행기를 타거나 버스를 타고 갈 수도 있다. 단지 나는 먼 거리를 두 다리로 걸어서 갈 뿐. 남들과 다르지 않게 나 역시 매년 고향을 방문하는 중이다.

아홉 번째 순례길에 올랐을 때 나는 확신했다. 수십 번을 와서 걸어도 절대 질리지 않을 거라고. 사랑하는 마음은 질리지 않는다. 많이 본다고, 사랑한다는 말을 많이 한다고 해서 쉽게 사라지지 않는다. 오히려 그럴수록 사랑은 더욱 커진다. 그리움도 함께.

사랑은 나에게 좋은 것을 주고 나를 변화시킨다. 항상 웃게 한다. 다른 사람에게 웃음을 줄 수 있는 사람이 되게 한다. 꿈을 이뤄나갈 수 있도록 도와준다. 실패에도 두려워하지 않는 모험심과 용기를 준다. 나에게 오는 것을 받아들이는 마음가짐과 가끔은 욕심을 내려놓을 줄도 알아야 한다는 것을 알려준다. 전 세계 각 나라의 든든한 친구들을 만들어준다. 내 안의 많은 것을 비워내고 좋은 에너지로 가득 채워준다. 나를 더 탄탄하고 건강한 사람이 되고 싶게 해준다. 내가 더 나은, 더 좋은 사람이 되고 싶게 해준다.

  내 심장의 절반을 내어줘도 아깝지 않은, 내 심장의 절반. 그렇다. 산티아고 순례길은 내게 사랑이다.

 너에게 쓰는 편지

내가 쓸데없는 욕심을 부릴수록
삶의 무게는 나에게 고통이 될 뿐이라는 것을,
욕심을 부리려면 그 고통의 무게를 견딜 만큼 강해져야 한다는 것을,
하지만 살아가는 데 필요한 것은
생각보다 얼마 되지 않는다는 것을 알게 해준 너.

아무리 무거워도 너와 함께일 때 웃을 수 있고
너와 함께라면 어디든 떠날 수 있어.
나를 더 튼튼해지고 싶게 만들어주는 너.
내가 몰랐던 나를 발견하게 해주고
나를 고향으로 데려다주는 요술램프.

너와 나는 이제 뗄래야 뗄 수 없는 한 몸.
너는 너무 소중한 내 인생의 둘도 없는 동반자.

- 배낭에게

인생은 한 번뿐이니까

아무것도 모르고 무작정 떠났던 첫 번째 산티아고 여행과는 달리, 횟수가 늘수록 노하우가 생겼다. 이제는 배낭에 무작위로 짐을 쑤셔 넣지 않는다. 맨 아래에는 가벼운 것, 중간에는 무거운 것, 맨 위에는 자주 꺼내는 것으로 나름대로 규칙과 효율성을 갖춰 짐을 싼다.

어깨로 배낭을 메던 지난 여행과는 달리 이제는 허리벨트를 꽉 조여 배낭이 엉덩이보다 아래로 내려가지 않게 메야 한다는 것도 익혔다. 조급하게 걸었던 예전과는 달리 이제는 쉬어가며 걸으려 노력한다. 마음의 여유가 생겨 영상도 찍고 그림도 그린다.

이렇게 우리 인생도 여러 번의 기회가 주어진다면 얼마나 좋을까? 그러면 처음보다 더 나은, 더 후회 없는 삶을 살 수 있을 텐데. 첫 번째에 했던 무모함은 두 번째에는 조금 줄어들 텐데. 처음 했던 실수들은 두 번째에는 안 하게 되고, 두 번째의 실수를 세 번째에는 안 하게 될 텐데.

물론 실수를 완벽하게 하지 않는 것은 어려울 거다. 두세 번의 경험만으로 많은 것이 바뀌기는 어려울 수 있지만 조금씩 노력하면 더 나아지지 않을까? 그리고 첫 번째, 두 번째의 경험을 기억하고 있다면 아마 조금은 덜 후회하며 살 수 있을 텐데 말이다.

하지만 인생은 오로지 한 번의 기회뿐이다!

어느새 순례길에서 하루치의 걸음을 마치고, 저물어 가는 해를 바라보며 나의 한국에서의 삶을 되돌아보았다. 바쁘고 여유가 없는 삶. 자유롭고 싶지만 잘 안된다. 자유를 택하면 더 많은 책임감과 함께해야 하는 삶. 한 번뿐인 나의 삶을 나는 잘 살아가고 있는 걸까.

  나는 지금까지의 내 삶에 감사하게 생각한다. 여러 번의 인생 기회가 주어진다고 해도 별반 달라지지 않을 것이다. 매번 내가 선택을 잘 해왔다는 것도 아니고, 잘 살아왔다는 것도 아니다. 적어도 그 순간 내가 하고자 하고, 이루고자 하는 내 감정에 충실했기 때문이다. 모든 선택은 나의 선택이었다. 그래서 후회나 미련이 별로 없다.

어떤 방향으로 가든 쉬운 삶은 없다. 앞으로도 삶은 계속 쉽지 않을 것이다. 때로는 구부러지고 때로는 힘든 오르막이겠지만, 우리는 더 많은 것을 얻고 경험하게 될 것이다.

산티아고에서의 지극히 평범한 하루

새벽 여섯 시. 언제나 일 퍼센트의 빈틈도 없이 백 퍼센트 가득 차게 나를 행복하게 해주는 곳. 세상에 이런 곳이 나에게 또 있을까?

 피곤해서 퉁퉁 부은 두 눈을 비비며 아침을 맞이한다. 부은 종아리와 몸을 이끌고 일어나 눈곱을 떼고 세수를 한다. 등산 바지로 갈아입고 로션과 선크림을 바른다. 주섬주섬 배낭의 밑바닥부터 침낭을 시작으로 옷가지를 차곡차곡 넣는다. 그 위에 다른 물건들을 차례대로 싼 뒤 배낭을 조인다. 혹시 빠뜨린 건 없는지 꼼꼼히 침대와 침대 밑을 한 번 더 확인한다. 발가락 양말을 신고, 그 위로 한 겹 더 겹쳐 신고 나서 등산화로 마무리한다. 생수병에 물을 채워 넣은 다음 스트레칭으로 온몸을 쭉 펴준다.

 아직 밖은 해가 뜨지 않아 어둡다. 나는 혼자 출발해 걷는다. 나를 맞이하는 무한하고 고요한 새벽 공기. 밤낮없이 지저귀는 새 소리는 분주히 배낭을 싸며 들떠 있던 마음을 차분히 가라앉게 해준다.

 숲길을 지나 바람에 살랑살랑 흔들리는 나뭇잎, 길가에 흐

드러지게 피어 있는 새빨간 개양귀비꽃들, 가지런히 누워 바람에 살랑대는 벼는 자연과 함께 공존하고 있음을 느끼게 해 준다. 앞뒤로 사람이 없으니 혼자 노래를 들으며 춤출 수 있는 이 순간이 너무 좋다.

 스산한 공기와 맑은 향기, 그리고 새소리들이 내가 이곳에 또 온 이유를 다시 한 번 깨닫게 한다. 어여쁜 새 소리, 몇 분 동안 움직임이 없던 말들, 가지런히 놓인 돌더미와 'SANTIAGO'라고 적힌 귀여운 푸른색 팻말, 내가 살고 싶은 아기자기하고 가지런한 주택들, 구름이 가득한 하늘 속에 잠깐 모습을 드러내는 푸른 하늘, 질퍽거리는 진흙땅과 물이 지나가는 자리에 건너가라고 놓인 돌다리, 마른 땅에 있는 돌무더기, 가파른 돌로 만들어진 내리막길, 그리고 내가 제일 반기지 않는 언덕과 언덕 끝에 부는 차가운 바람까지.

 생각 없이 걸으며 만나는 사소한 것들이 하나하나 내 눈에 들어와 사뿐히 앉았다가 스쳐 지나간다. 나는 그 단순하고 사소한 스침이 좋다. 뭔가를 정리하거나 얻으려 노력하지 않아도 자연스럽게 다가오는 자연의 일상들. 단순히 들어왔다가 흘러보내면서 오히려 머리가 맑아지고 생각이 단순해진다. 바쁜 일상 속에서 무심코 지나칠 수 있는 수많은 것들을 한 걸음 한 걸음 내딛으며 찬찬히 마주할 때 그 작은 사소함들이 주는 기쁨이 참 좋다.

길을 걸으며 다시 한 번 생각한다. 이렇게 보고, 듣고, 말하고, 걷고, 생각할 수 있다는 것 자체가 엄청난 축복이라는 것을. 이는 돈으로도 살 수 없는 것들이다.

"힘들다." "오늘은 어디까지 갈까?" "어디에서 쉬었다 갈까?" "어느 알베르게에서 머물까?" "점심, 저녁으로 뭘 먹을까?" 걸으면서 가장 많이 하는 생각들이다.

길을 걸으면 매우 단순해진다. 물론 이미 어디로 갈지 예약해 두었거나 생각해 둔 곳이 있다면 이마저도 생각할 필요가 없다. 하지만 그날 그날의 몸과 마음의 결정에 따르기로 했다면 몸의 소리에 집중해야 한다. 내가 여행 전에 미리 계획을 짜두지 않는 가장 큰 이유다.

잘 걷다가도 다칠 수 있고, 어제까지는 괜찮다가 갑자기 몸이 안 좋아질 수도 있으며, 기상 악화로 걷지 못할 수도 있고, 도착했는데 빈 침대 자리가 없어 다음 마을까지 가야 할 수도 있다.

어떤 일이 벌어질지 아무도 모른다. 주어진 상황을 받아들이고 그에 맞게 어떻게 할지 선택하는 자유 또한 이 길을 걸으며 나를 찾아가는 과정이다. 이런 선택들이 쌓여 어떤 것이 내가 가장 좋아하는 것인지, 어떤 것을 좋아하지 않는지 스스로 구분하게 된다. 나를 잘 안다는 것은 내가 행복해지는 방법을 알게 되는 것과 같다.

길을 걷다가 보이는 의자나 카페에서 쉬어가기도 한다. 고단한 걷기 중 쉬어가는 시간은 중요하다. 무리하게 걸으면 발에 물집이 잡히거나 힘줄이 붓는 부상을 입을 수도 있다.

나를 너무 밀어붙이지 않고 적절한 시간에 잠시 숨을 고르는 것, 이는 나의 한계에 도전해 몸의 잠재력을 이끌어내는 것만큼 중요하다. 그렇지 않으면 더 이상 걷는 것이 즐겁지 않아진다.

인생도 마찬가지다. 자신의 한계를 알면 얼마나 더 나아가야 하는지, 언제 쉬어야 하는지, 그리고 언제 멈춰야 하는지를 알 수 있다. 나만의 리듬과 속도로 살아간다는 것은 자신을 잘 아는 것과 같다. 그날의 일정과 체력 상태에 맞게 조절할 수 있어야 한다. 처음에는 무리해서 쉬지 않고 40킬로미터씩 걸었다면, 이제는 무리하지 않고 30킬로미터씩 내 몸의 소리에 집중하며 걷는다.

이렇게 며칠을 걷다 보면 여러 시행착오를 겪으며 자연스럽게 자신의 몸을 알 수 있게 된다. 한계를 알고, 조절할 줄 알고, 때를 아는 것은 중요하다.

술과 커피를 마시지 않는 나는 토르티아와 우유를 주문한다. 몸에 에너지를 든든히 채운 후 다시 걷는다. 온몸이 땀에 젖은 상태로 알베르게에 도착! 호스피탈레로가 크레덴시알에 알베르게의 스템프를 찍어준다. 가끔 오픈 시간보다 빨리 도착하면 문을 열 때까지 배낭을 줄지어 놓고 기다리기도 한다.

침대 시트를 받은 후 침대를 배정받고, 십 킬로그램 정도 되는 무거운 배낭을 바닥에 툭 떨어뜨린다. 침대 시트를 깔고 배낭 속 물건들을 모두 꺼내 샤워에 필요한 것들을 챙긴다. 걸을수록 딱히 필요하지 않은 물건들은 틈틈이 골라서 내놓는다. 작은 종이 쪼가리 하나라도 줄이려고 애쓴다.

비좁은 샤워실에는 옷을 걸 곳조차 없지만 불편하게 씻는 와중에도 강한 수압에 감탄한다. 뜨거운 물에 또 한 번 감탄하게 되는 그 순간이 정말 좋다. 행복이라는 것은 정말 별거 아니다. 드라이어가 없어 머리카락을 오랫동안 말려야 하는 그 시간마저도 좋아진다. (샤워할 때 나오는 강한 수압과 뜨거운 물은 순례길에서 가장 중요한 요소다!)

빨래는 알베르게에 있는 세탁기를 이용할 수 있다. 날씨가 안 좋아 빨래가 마르지 않을 것 같으면 모를까 웬만하면 손세탁을 하고 빨랫줄이나 침대 밑에 널어 말린다. 가끔 몇 명이 모여 유료 세탁기를 이용하기도 한다. 이렇게 하면 가장 중요한 일과가 끝이 난다!

자, 드디어 나만의 자유 시간이다. 먼저 폼롤러와 마사지볼을 꺼내어 피로에 지친 엉덩이와 다리, 발을 마사지한다. 이 과정은 정말 중요하다. 당일에 뭉친 근육은 당일에 풀어줘야 부상 확률이 줄어든다. 발바닥과 종아리, 무릎에 파스를 바르는 것도 중요하다.

이 모든 것을 끝내고 나서 침대에 누워 있는 그 시간이 얼마나 행복한지. 배가 고프면 밥을 먹고, 정원에서 글을 쓰고, 햇볕을 쬔다. 동네 산책도 하고 낮잠을 자기도 하고, 침대에 누워 그곳에서 만난 친구들에게 내일은 어디로 갈 건지 묻기도 한다.

순례길에서 가장 중요한 것 중 하나는 음식이다. 맛있는 음식을 먹으면 그날의 고단함이 싹 풀린다. 더군다나 다음 날 걸을 에너지도 얻을 수 있다. 저녁을 먹고 숙소로 돌아와 이층 침대에서 알베르게의 정겨움을 느낀다. 침대 위에 펴놓은 침낭에 들어가 웅크리고 자야 하는 와중에도 따뜻함을 느끼는 그 순간, 사소한 찰나에서 오는 행복이 좋다. 이 불편한 안락함에서 오는 익숙함이 좋다. 불편함이 있기에 느낄 수 있는 사소한 감사와 행복이 좋다.

별 것 아닌 것이 행복이 될 수 있다는 것은 너무나도 감사한 큰 축복이다. 내가 원하기만 하면 언제나 행복한 감정을 느낄 수 있으니까. 남이 주는 것이나 외부에서 오는 것이 아닌, 내 안에서 자의적으로 만들어내는 축복이다. 행복한 삶을 영위하기 위해 많은 것이 필요하지 않다. 어쩌면 내가 이곳을 자주 오려는 이유 중 하나가 아닐까? 사소한 것에서 오는 당연한 것들이 얼마나 큰 행복이고 행운인지를 잊을 만할 때 다시금 마음에 새기기 위해.

자신의 속도에 맞춰 걷는다는 것

보통 나의 순례길은 매일 아침 혼자 출발한다. 앞이 잘 보이지 않는 어둡고 긴 길을 고요히 걸으며 사색의 시간을 갖는다. 비로소 바쁜 일상과의 거리가 느껴진다. 현실은 아득한 먼 과거처럼 느껴지고, 이곳에서 새로운 나를 다시금 만나는 듯하다. 온전한 내가 되는 기분. 아니, 스스로 길을 찾아 나서며 나의 정체성을 찾는 시간. 이 긴 길이 결국 돌고 돌아 다시 나에게로 향하는 듯한 기분. 행복한 기분을 느낀다.

혼자 노래를 흥얼거리기도 하고 탁, 탁, 땅을 내딛는 등산 스틱 소리와 함께 새 소리에 집중하기도 한다. 평소라면 지나쳤을 땅바닥의 돌, 풀, 꽃, 나비에게 호기심 가득한 눈길을 한 번 더 건넨다.

때로는 아무 생각 없이 걷기도 한다. 무언가에 속해 있지 않고, 구속받지 않으며 어디로 가도 이상하지 않을 자유로운 그 순간. 일상과 떨어져 혼자 걷는 그 순간이 나를 스스로 변화하고 싶어지게 한다. 지금 이 순간만큼은 이 세상의 모든 것을 가진 것 같다.

산티아고 순례길 완주를 위해 온전히 한 달이라는 시간을 비운다. 오로지 걷기 위해서. 그만큼 이곳에서는 하루 스물네 시간을 내가 원하는 대로 쓸 수 있다. 쳇바퀴처럼 돌아가는 일상에서 벗어나 매일 내가 걷고 싶은 만큼만 걸으면 된다. 쉬고 싶으면 쉬면 되고, 자고 싶으면 자면 된다. 먹고 싶으면 먹고, 먹기 싫으면 안 먹어도 된다. 함께하고 싶으면 함께하고, 혼자 있고 싶으면 혼자 있어도 된다. 그 모든 것을 혼자 결정하고 원하는 대로 할 수 있다.

어쩌면 그것이 가장 어려운 일일지도 모른다. 떠밀려오듯 살아온 현실 속에서 우리는 마음이 원하는 대로 산다는 것이 쉽지 않다. 이제는 내 마음의 저울을 움직여야 한다. 내가 어떤 것을 원하는지, 어떤 것을 내려놓을지, 언제 해야 할지 등 매 순간 선택해야 한다.

그 선택과 결과 속에서 지나치지 않고, 모자라지 않는 균형을 잡는 것. 어느 한쪽으로 치우치지 않는 나만의 저울의 균형을 찾아가는 것이 평생 삶의 숙제일 것이다.

여러 번의 순례길은 이 적정한 균형을 찾아가는 연습일지도 모르겠다. 물론 누군가와 함께 오지 않았다면 말이다. 혼자가 아니라면 서로의 걷는 속도와 보폭, 무엇을 먹고 어디에서 쉴지 등 모든 것을 신경 쓸 수밖에 없다. 내가 쉬고 싶지 않아도 쉬어야 할 때가 있고, 반대로 쉬고 싶은데 눈치가 보일 때도 있다. 현실에서도 그러하듯이.

그래서 함께 어울린다 해도 가는 곳을 정해 두고 먼저 걷는다. 내가 먼저 나와서 걷고 있다가 중간지점에서 만나서 다시 함께하기도 한다. 그 모든 게 나의 선택이기에 자유롭다. 본연의 나로 즐길 수 있다.

그런 나도 누군가와 같이 걷고 싶을 때가 있다. 오늘처럼. 어제 함께 했던 친구들과 같이 걷고 싶어졌다.

"너 며칠에 출발했어?" 함께 걷던 미국인 친구 트레스탄에게 물었다.

"15일에 출발했어. 넌?" 내가 대답하고 물었다.

"나는 18일에 출발했어. 나랑 함께 시작했던 친구들도 이미 사흘이나 앞서 있어. 나는 매일 20킬로미터 이상은 걷고 싶지 않아서. 이게 나한테는 최선인 것 같아." 트레스탄이 말했다.

"걷기에 시간은 충분해?" 내가 물었다.

"아니. 그래서 고민이야. 할 일이 있어서 까미노에 많은 시간을 쓰기는 어려운데 이렇게 하다가는 사십 일 이상 걸릴 것 같아." 트레스탄이 우려를 표하며 말했다.

이 친구들과 지금은 함께 걸어도 오랜 시간을 함께하기는 쉽지 않겠구나, 하는 생각이 들었다.

"그런데 대부분의 친구들은 발이 아프고 문제가 생겨도 하루에 30킬로미터 이상씩 걸으려고 하는데 넌 그렇지 않네. 원래 초반에는 몸에게 적응하는 시간을 줘야 하기 때문에 천천히, 그리고 너만의 속도에 맞춰서 조금씩 걷는 게 가장 좋은 것 같아. 그리고 적응하면 늘려가면 되는 거고. 그런데 대부분 그렇게 하기 어려워하지." 내가 말했다.

"나도 시간이 많은 건 아니지만 나는 뭔가에 쫓기듯이 하고 싶지는 않아. 토끼와 거북이 얘기 알지? 나는 거북이처럼 천천히 가지만 결국 우리가 원하는 그곳으로 도착하면 되는 거니까." 트레스탄이 말했다.

우리는 살면서 너무나도 많은 것들을 원한다. 특히 내가 가지지 못한 것들에 가장 큰 열망을 느낀다. 살면서 그렇게 많은 것들이 필요한지, 이제는 잘 모르겠다. 물질적인 만족이 과연 나에게 행복감을 가져다주는지 생각해보면, 적어도 나에게 있어서는 그렇지 않은 것 같다. 예전에는 그랬을지 모르지만 말이다.

이건 일과 인간관계에도 적용된다. 삶에서 욕심을 내려놓으면 내려놓을수록 마음이 한결 가벼워짐을 알았다. 어느 좋은 곳을 가도, 맛있는 것을 먹고 비싼 것을 사도 마음이 무겁다면 그건 내가 끌어안고 있는 것이 너무 많기 때문일 수도 있다.

산티아고 순례길을 여행하면서는 몇 벌의 여벌 옷과 잠을 잘 수 있는 침낭, 걸을 수 있는 등산화만으로 충분했다. 십 킬로그램 남짓 되는 배낭 하나로 몇 달을 여행해도 충분했다. 이 길 위에서는 왜 가진 것이 많지 않은데도 행복을 느끼고 두고두고 그리워하게 되는 것일까. 내 인생에 있던 많은 짐과 물건들이 오히려 내 마음을 무겁게 하는 것은 아닐까 생각해보았다.

걸으며 생각해보니 그건 사소한 것에서부터 시작하는 행복이 무엇인지 깨닫게 해주기 때문인 것 같다.

당연한 것을 당연하지 않게 받아들일 수 있다는 것은 결코 쉬운 일이 아니다. 태어나면서부터 우리에게 주어진 많은 것들, 우리는 그것을 행운이라고 생각하지 않고 당연하다고 여긴다. 그것이 우리 일상에서 없어진 적이 없기 때문이다.

하고 싶은 일을 하고 소중한 사람들과 좋은 것을 보고 느끼고 맛보며 사는 동안 건강하게 지내는 것이 최고라는 것을. 그건 누구나 알고 있지만 여러 욕심을 내려놓아야 가능한 일이고, 그것이 삶에서 가장 어려운 것임을. 인생에서 정말 중요한 것이 무엇인지 깨닫고 실천하게 해준 내 인생 경험에 감사하다.

산티아고 순례길은 우리의 인생을 담은 한 권의 책

부르고스 이후로 끝없이 곧게 펼쳐진 길, 산티아고 순례길의 메세타, 언제나 와도 변하지 않는 길, 일관되고 곧게 끝없이 뻗은 길. 어디가 끝인지 모르게 쭉 뻗은 지평선에 도무지 어디에 시선을 둬야 할지도 모르겠는 이 아름다운 길을 누군가는 지겹고 지루하다고 한다.

하지만 나는 산티아고 순례길 중에서 메세타 이 길이 가장 좋았다. 마치 내가 창업을 한 후 캄캄한 터널에서 끝없는 길을 걸어갈 때처럼, 엄청난 인내와 버팀을 요했던 시간처럼 나의 인생길 같아서였다.

우리 삶도 이와 같지 않을까. 가끔은 즐겁고 스펙타클하고 재미있는 날들이 있는 반면에 지겹도록 같은 일들이 반복되는 날들도 있다. 또 그런 반복 속에 사소한 행복도 존재한다. 이런 날들이 있기에 다른 날들의 특별한 이벤트가 더 소중하게 느껴지기도 한다.

그래서 나는 그늘 없이 지겹도록 펼쳐진 이 길이 너무 좋다. 물론 끝없이 펼쳐진 수평선과 길을 보면 그 끝은 언제일지 모른다. 하지만 이 길 안에서도 우리는 충분히 즐거움을 찾을 수 있고, 오히려 이런 곳에서 발견하는 소소한 즐거움이 더 큰 즐거움과 추억으로 남기도 한다.

그때 내 삶 속에 존재하는 메세타 길이 시작되었다. 아니, 메세타는 언제까지나 계속되는 것일 수도 있다. 같은 방향을 보고 걷는다는 것. 출발한 곳, 오게 된 이유, 걷는 이유, 걷는 방법이 다 달라도 모두 콤포스텔라를 향해 걷는다. 한 방향을 보고 함께 고행길을 걷는다는 것만으로도 우리는 서로의 힘듦과 아픔을 이해하고 응원하는 동지애를 얻는다. 그것이 먼 길을 나아가는 우리에게 큰 힘이 되어준다.

  이 끝없는 길 위에 혼자 오른다 해도 우리가 거뜬히 이겨낼 수 있는 것은 함께 걷는 사람들이 있기 때문이다. 같은 방향을 보고 함께 걷는 사람들이 있다는 것은 그래서 중요하다.

  초반에 정말 많은 사람들을 만나고 서로의 걷는 패턴과 상황, 상태에 따라 계속 만나는 사람이 바뀐다. 언제 출발했느냐에 따라 간발의 차이로 만나게 되기도, 못 만나게 되기도 한다. 첫날 함께 시작했다가 계속 못 보고 갑자기 몇 주 뒤에 나타나 만나게 되기도 하고 영영 보지 못하게 되는 경우도 있다. 갑자기 사고를 당하거나 아파서 걷기가 무뎌지기라도 하면 그동안 함께했던 친구들을 보내고 또 새로운 사람들을 마주하게 된다.

몸이 적응해 가는 동안 발에 물집도 생기고, 무릎과 발에 통증도 견뎌내야 한다. 오늘은 다른 날에 비해 많이 걷지 않은 날이었다. 매일 30킬로미터 정도씩 걷다가 20킬로미터 안팎을 걸으니 너무 행복했다. 알베르게는 열두 시에 여는데 열한 시에 도착해 마트에서 장을 보고 알베르게에 줄을 섰다.

저녁 여섯 시에는 산타마리아 알베르게로 수녀님들과 함께 노래하는 시간이 있어서 놀러 갔다. 오랜만에 참여했는데 역시나 너무 좋았다. 마흔 명 정도가 참여했고 서로 이름과 사는 곳, 이곳에 온 이유를 설명했다.

"나는 소영이에요. 한국에서 왔고요. 지금까지 여러 번의 까미노를 했는데 산티아고 순례길은 이제 내 삶의 반쪽이자 마음의 고향이에요." 내가 말했다.

"나는 너무 외로웠어요. 근데 여기에서 모두가 내게 너무 잘해주고, 좋은 사람들을 많이 만났어요. 고마워요." 누군가가 말했다.

"나는 작년에 남편을 잃었고 함께 왔으면 더 좋았을 텐데……" 또 다른 누군가가 말했다.

  노래를 부르는 시간이 지나고 성당에서 미사가 있었다. 미사를 본 후 수녀님은 순례자들을 앞으로 불렀다. 모두 처음 본 사람들인데도 순례자들을 위해 항상 기도해주고 노래를 불러주는 수녀님들, 신부님들, 서로를 위해 웃으며 힘내라며 응원해주고 걱정해주는 순례자들이 있었다.

반복의 결과

산티아고 순례길을 계속 가는 가장 큰 이유는 순례길에서 깨닫고 느낀 것들을 잊지 않기 위해서다. 산에서 한 달 반을 살아본 경험, 사 년 동안 귀촌하면서 느낀 것(귀촌 이야기는 다음 장에 자세히 나온다), 그리고 매년 산티아고에 가면서 배운 것들은 지금의 내 인생에 아주 큰 디딤돌이 되었다.

나는 조금이라도 쉬면 스스로 목을 조르는 강박과 불안, 욕심으로 가득 차 있었다. 하지만 그 시간들이 내게 이야기해주었다. 삶은 가끔은 느리게도 살며 때론 내려놓을 줄 알아야 한다고. 지금 내 삶에서 가장 중요한 것이 무엇인지 잊지 말아야 한다고.

주변만 바라보지 말고 나를 바라보고 대면하는 시간이 중요하다고 끊임없이 이야기해주었다. 실제로 친한 지인들도 내가 많이 달라졌다고 한다. 예전에는 항상 뭔가 불안하고 쫓기는 생활을 했지만, 지금은 더 편안하고 더 행복해 보인다고 한다. 나조차도 그렇게 느낀다.

사실, 살아가는 방식을 바꾸는 일은 참 어렵다. 단단히 삶에

박힌 딱딱한 철심을 유연하게 만들어 자유자재로 구부리기란 정말 힘든 일이다. 하지만 그 어려운 것을 해내는 데에는 한 가지 방법이 있다. 습관을 만드는 것이다. 습관은 오랜 시간 여러 번 되풀이하는 과정에서 나에게 스며드는 것이다. 마치 아주 오래전부터 그랬던 것처럼 말이다.

나는 순례길에서 느꼈던 것을 습관으로 만들고 싶었다. 한 번의 경험으로 끝나는 것이 아니라 내 인생의 일부로 만들고 싶었다. 아주 간절하게 말이다. 그래서 나는 없는 시간을 쪼개고, 부족한 돈을 모았다. 좋은 습관을 만들기 위해, 내 미래를 위해 그렇게 투자했다. 인생에 중요한 것들을 잊지 않고 의미 있게 살고 싶었다.

이 반복의 과정은 이성적인 계산을 통해서가 아닌, 강한 이끌림으로부터 나온 것이었다. 스스로 인지하지 못하는 사이에 조금씩 변화하고 있었다. 아주 조금씩.

책도 여러 번 읽으면 더 와닿듯이 순례길을 반복하며 조금씩 내 삶의 습관이 되어가고 있다. 종이 쪼가리 하나 버리지 못하고 비워내지 못했던 내가 이제 비우고 버리는 게 전보다 훨씬 수월해졌다. 매년 순례길을 떠나기 위해 건강해지려고도 노력했다. 여행처럼 내 삶도 내 뜻대로 안될 거라는 것을 알기에 항상 주어진 것들과 시간에 감사하며 살아가려고 노력했다.

산티아고 순례길에는 끝이 있다. 다시 일상으로 돌아와 내 삶의 순례길을 계속 걸어가야 한다. 조금 다른 모습을 하고 있을 뿐 순례길은 우리의 인생과 많이 다르지 않다. 끝이 보이지 않는 길. 그 끝은 오늘이 될 수도, 내일이 될 수도, 수십 년 후에 다다를 수도 있다. 끝에 다다랐더라도 그 끝이 또 다른 새로운 시작이 될 수도 있기에 오늘도 그냥 삶의 순례길을 충실히 걸을 뿐이다.

세상의 끝 피스테라

많은 순례자들이 순례를 끝마치고 오는 곳.
한 달간 바다 없이 걷기만 하다가
한 발짝 내딛는 순간 보이는 반짝이는 바다의 지평선.
그때의 감동은 아직도 잊을 수가 없다.
아마 두 다리로 걸어가지 않는 사람은 느끼지 못할
소중한 감정일 것이다.

땀을 뻘뻘 흘리며 나아가는 보폭에 생기가 돌고
바다가 내 앞으로 다가온 순간 배낭을 내던지고 뛰어들었다.
그렇게 산티아고 데 콤포스텔라에서
100킬로미터를 걸어야 나오는 0킬로미터, 세상의 끝 피스테라.
순례의 끝, 또 다른 시작을 축하하는 파티.

그리고 30킬로미터를 더 가면 나오는 묵시아.
조용히 혼자 사색하며 순례를 마무리하는 분위기와
순례길이 마무리되는 시간.
아쉽지만 또 다른 길을 위한 우리들의 발걸음.

인생의 화살표

휴대폰이 없어도 산티아고 길을 잘 걸을 수 있다! 곳곳에 있는 노란색 화살표와 노란색 조개껍데기 문양 덕분이다. 그걸 볼 때마다 우리 인생도 이와 같다면 얼마나 좋을까? 누군가가 내 인생에 들어와서 '이 길을 쭉 따라가면 됩니다!'라고 노란색 화살표를 놓아준다면 정말 사는 것도 쉬울 텐데. 정해진 길을 따라가기만 하면 되니까.

물론 재미가 없을 수도 있겠지만 끝까지 길을 잃어버릴 일이 없을 것이고 큰 문제 없이, 이탈 없이, 고민 없이 갈 수 있으니 이것만큼 편한 길은 없을 것 같다.

하지만 현실에는 노란색 화살표가 없다. 우리는 너무나도 많은 선택과 결정을 해야 한다. 밥을 먹고 화장실에 가고 물을 마시는 것부터 어느 학교에 들어가고 어떤 학과를 선택할지, 졸업 후 진로는 어떻게 잡을지, 어떤 회사에 들어갈지, 이직할지 말지, 내 목표는 무엇인지 등등. 나이가 들수록 선택과 결정은 더욱 많아진다. 아무리 휴식을 취하려고 해도 이런 고민이 마음속에서 떠나질 않는다.

무엇보다 혼자 살 수 없는 이 세상에서 인간관계는 살아가며 끊임없이 주어지는 숙제다. 다른 사람들의 시선이나 여러 가지 상황을 신경 쓰느라 정작 내면의 소리에 귀 기울이는 일은 소홀해진다.

그러나 이 순례길 위에서는 먹고 자고 걷는 것만 생각하면 된다. 노란색 화살표가 있는 길을 따라 걷기만 하면 되기 때문이다. 일찍 일어나 해가 뜨기 전에 걸을지, 이곳에 앉아서 밥을 먹을지, 어디에 묵을지, 몸은 건강한지, 아픈 데는 없는지 등 이것들만 신경 쓰면 된다. 이 길 위에서는 잠시나마 다른 모든 고민을 잊어도 된다.

순례길을 걸으며 내가 얻게 된 가장 큰 깨달음은 바로 '지금 이 순간'의 중요성이다. 과거의 후회나 미래에 대한 불안이 아니라 오직 지금 내가 밟고 있는 이 땅, 마시고 있는 이 공기, 내 주변의 모든 것이 얼마나 소중한지를 느끼게 되었다. 우리는 종종 너무 많은 것을 바라보며 살아가는데 정작 진정한 행복은 지금 이 순간에 있고, 소박한 일상에서 발견할 수 있다는 것을 알게 되었다.

순례길이 끝난 후에도 나는 이 깨달음을 잊지 않기로 다짐했다. 일상으로 돌아가더라도 그 순간의 소중함을 잊지 않고 살아가기로 했다. 나의 내면의 소리에 귀 기울이고, 더 원초적인 것들에 집중하며, 진정한 인간관계를 소중히 여기면서 말이다.

  이 길에서 얻은 깨달음과 경험은 내 삶을 더 풍요롭게 하고, 더 의미 있게 만들어줄 것이다. 그리고 나는 그 길 위에서 배운 모든 것을 마음에 새기며 매일매일을 소중히 살아갈 것이다.

3부

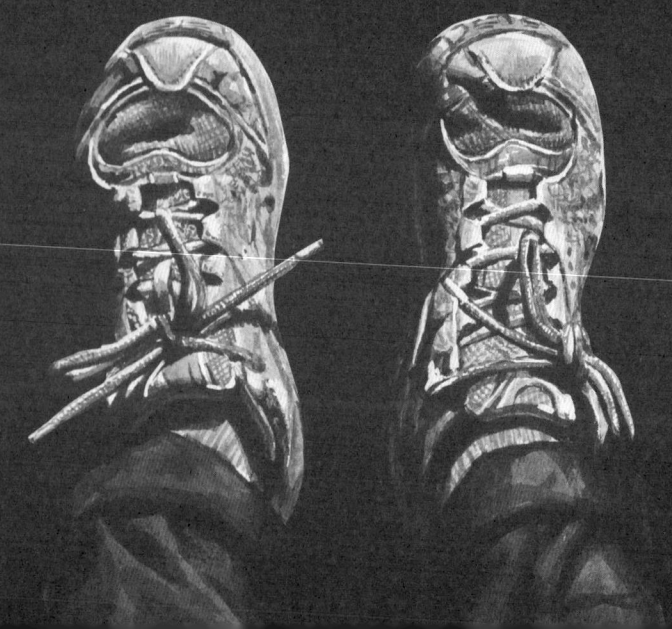

삶의 설레임

내가 항상 해오던 익숙하던 것의 끝은

어떠한 것의 새로운 시작을 의미하기도 하지.

설레임이라는 건 시작과 끝 모두를 의미해.

누구나 슬럼프를 마주하게 된다

힘들 때는 보통 혼자서 그 상황을 참고 이겨내려고 노력한다. 내 이십 대를 돌이켜보면 가장 먼저 떠오르는 기억과 감정은 힘들었던 순간들이다.

슬럼프는 어떤 일이 생겨서 오기도 했지만, 내가 자신을 믿지 못할 때마다 항상 다가왔다. 회사에서 일할 때는 월급 안에서만 잘 계획해서 아끼고 쓰면 되었지만 개인사업을 시작하고 나서는 항상 예상치 못한 상황이 나타났다. 재료비와 전시 비용 등을 아무리 아껴도 소용이 없었다. 벌어도 벌어도 가진 돈은 줄어들기만 했고, 밑 빠진 독에 물 붓기였다. 그게 계속되니 조금씩 지쳐갔다. 슬럼프가 몇 달째 이어졌다. 모든 문제의 시작은 돈 때문이었다. 돈이 뭐길래.

사람들은 "그래도 네가 좋아하는 걸 하잖아" 혹은 "너에 대한 투자라고 생각해"라고 했지만, 그 말은 나를 더욱 허탈하게 만들었다. 예전에는 주저앉았다가도 오뚜기처럼 벌떡 일어났던 나였지만 점차 그것이 잘 안됐다. 나는 점점 더 구렁텅이에 빠져들고 있는 것 같았다.

수개월 동안의 슬럼프는 나 자신을 완전히 잃게 만들었다.

살아가는 것조차 괴롭고 싫었다. 그냥 죽고 싶었다. 멍하니 어둠 속을 빠르게 지나가는 차들을 바라보며 그런 생각을 했다. 오랫동안 그렇게 고민했지만, 결국 '죽지 못하고 끝내 반신불구가 됐을 때 어떡하지'라는 생각에 한 발짝 물러섰다. 죽을 용기가 나지 않았다.

그러나 이렇게 살아가는 것이 죽는 것보다 더 못하다고 느꼈다. 평소 마시지 않는 술까지 마시고는 친구에게 전화를 걸어 죽고 싶다고 하소연했다. 어떻게 집에 들어왔는지 모르겠다. 다음날 일어나 얼굴을 보니 거의 산 송장 같았다. '내가 무슨 생각을 했던 거지. 이렇게 못 산다. 어차피 죽지 못할 거면 어떻게든 살자.' 느닷없이 떠오른 생각으로 간 곳은 어릴 적부터 내 안식처였던 성당이었다. 잃어버린 내 영혼을 찾으러 간 듯한 기분이었다. 수녀님을 찾아가는 것은 마치 지푸라기라도 잡으려는 듯한 마음이었다.

"수녀님, 서울에서 멀리 떨어진 곳에서 한 달 동안 봉사하면서 먹고 잘 수 있는 곳이 있을까요?" 수녀님은 나에게 아무것도 묻지 않고 대답해주셨다. "내가 아는 곳이 다섯 군데 정도 있어요. 연락처 알려드릴까요?" 그 와중에도 이번 달 월세를 걱정하고 있는 나를 애써 외면하며 전화번호를 눌렀다. 네 곳은 이미 불가능하다는 대답을 받았고, 마지막 한 곳이 남았다.

"안녕하세요. 혹시 한 달 동안 봉사하면서 지낼 수 있는 곳이 있을까요?" 내가 물었다.

"보통 그런 경우는 없는데, 언제 오실 수 있나요?"

나는 곧바로 가능하다고 말했다. 그곳은 나의 직업이나 나이에 대해 묻지 않았다. 그게 너무나 좋았다. 아무도 나를 모르는 곳이었다. 이 모든 것은 지푸라기를 잡으려는 심정에서 비롯된 것이었다. 절실했다. 그렇게 나는 한 발을 내딛었다.

나를 되찾고 싶었다. 신기했던 것은 나를 잃어버린 후에야 비로소 모든 것을 내려놓을 수 있었다는 것이었다. 모든 것을 꽉 쥐고 있던 손도, 작업을 하지 않으면 들었던 죄책감도, 돈을 벌어야 하는 강박증도 모두 그 순간엔 사라졌다. 아니, 내려놓았다.

내가 간 곳은 단양의 깊은 산속 마을이었다. 무소유를 지향하는 가톨릭 신앙인 공동체였는데, 신부님, 수녀님, 신자들이 함께 '자급자족'하며 사는 곳이었다. 나는 생활자로서 함께 식사하며 자원봉사하는 자격을 갖추고 들어갈 수 있었다. 아무도 나를 모르는 곳에서의 생활이었다. 상상만 해도 마음이 편안했다. 산속으로 들어가며 내게 몇 가지 다짐할 것들이 있었다.

1. 산속 공기 마시며 몸과 마음 정화시키기
2. 몸과 마음 모두 건강해져서 돌아오기(생활 패턴 바꾸기)
3. 무소유를 몸소 깨닫고 실천하기
4. 소셜미디어, 휴대폰 멀리하기. 대신 책 읽기
5. 홈트레이닝하기
6. 한 달의 시간을 절대 무의미하게 보내지 말기

음식은 마을에서 재배한 농약 없는 퇴비로 재배한 채소와 과일로 만들었다. 또한, 키우는 소와 염소, 닭이 낳은 달걀,

직접 만든 청국장 등을 판매해 수익을 얻었다. 어느 정도의 수익이 쌓이면 거름으로 사용하는 신선한(?) 방식의 화장실도 있었다. 작은 마을에는 혼자 사는 분들도 있었고, 가족 단위로 지내는 사람들도 있었다. 나에게는 손님방 한 칸이 주어졌다. 따뜻한 방바닥에 폭신한 매트를 깔고 그 위에 이불을 깔았다. 옷걸이에는 외투를 걸었다. 가져온 짐은 많지 않았다.

  마을에는 일정한 루틴이 있었다. 아침 일곱 시쯤 함께 기도하고 점심을 먹은 후 청소를 했다. 저녁식사는 다섯 시 반이었고, 자기 전에는 함께 기도하고 나눔의 시간을 가졌다. 나머지 시간은 자유시간. 나는 이 시간을 이용해 책을 읽고 스트레칭과 홈트레이닝을 했다. 함께 지내는 사람들과 대화를 나누기도 했다. 매일 먹는 음식은 건강식이었고 맛있었다. 무엇보다 휴대폰을 사용하지 않으니 신기하게 마음이 편해졌다. 일찍 잠들고 일찍 일어나는 것도 좋았다. 작업을 하지 않아 수입은 없었지만 지출할 것도 없었다.

한 달이 지난 어느 날 저녁 나눔의 시간이었다. 나눔을 하면서 얘기했던 것은 우리는 무엇을 입을지, 먹을지, 마실지를 너무 걱정한다는 것이었다. 나에게는 건강한 육체가 있고, 옷이나 음식이 부족한 것도 아니었고, 잠자리가 없는 것도 아니었다. 그런데 왜 이렇게 괴로워했을까 하는 생각이 들었다.

어느샌가 나는 사람들 사이에서 울고 있었다. 나의 목을 조르던 것은 다른 사람이 아닌 '나 자신'이었다. 멀리서 내 자신을 바라보니 현실에 맞서며 많은 것들에 치이고 쫓기며 휘둘리고 있었다. 그러한 나를 욕심이라는 채찍으로 때리고 있는 나 자신이 보였다. '너무나도 외로웠겠다. 힘들었겠다.' 내 자신에게 미안한 마음이 들었다.

왜 내가 이렇게나 날 잃어가며 욕심을 부리고 살아왔을까. 물론 어느 정도의 욕심은 필요하다. 하지만 나쁜 욕심이 나를 갉아먹고 본질을 흐리게 만드는 순간이 있다. 나쁜 욕심은 걱정과 불안, 두려움, 의심, 탐욕, 분노를 일으킨다. 그 경계를 나는 알지 못했다.

돈은 삶에서 꼭 필요한 것이다. 돈이 없으면 할 수 없는 일이 많아지며, 삶은 불편해진다. 하지만 돈이 삶에서 가장 중요한 것은 아니다. 돈은 내 삶과 꿈을 위한 도구에 불과하다. 가장 중요한 것은 '나'다. 나에게 믿음이 있다면 어떤 어려운 순간도 다시 일어설 수 있다.

한 달 반 동안의 산속 생활은 행복하고 평화로웠다. 나 자신에게 고마웠다. 나쁜 선택을 하지 않고 어떻게든 살아가려는 노력에. 내 발걸음이 도달한 곳이었다. 아픈 마음속에는 항상 나아지고 싶은 마음이 있었고, 그 마음을 향한 나의 작은 노력들이 있었다.

나에게 왔던 모든 시련과 역경, 정신적인 고통은 오히려 나를 더 강하게 만들어주었다. 언제나 역경들은 내 정신과 영혼을 더 강하게 만들었다. 일어난 모든 일에는 그럴 만한 이유가 있었다. 몇 달 전 삶의 의미를 잃은 순간들도 결국은 지금 내가 있는 단양 산속의 마을로 나를 이끌어준 하늘의 깊은 뜻이었을지도 모른다. 그렇게 나는 또 한 번 큰 산을 넘었다.

산속 생활을 마무리하고 자주 가던 동네 빵집에 들렀다.

"어머 어디 다녀왔어요? 한동안 안 보이던데." 빵집 주인이 물었다.

"아, 저 어디 좀 다녀왔어요."

"그런데 다른 사람인 줄 알았어요. 저번에 보니 얼굴이 다 죽어가더니 오늘은 생기가 도네요!"

빵집을 나오니 차가운 공기가 콧등에 내려앉았다. 여전히 변함없는 우리 동네였다. 빼곡한 주택가 사이의 내 작업실, 해야 할 일들, 그리고 텅 빈 통장까지. 모든 게 제자리에 그대로 있었다. 달라진 건 내 마음뿐이었다.

 하루의 시작

아침에 일어나니 햇살이 따사롭다.
창문을 열고 들어오는 시원한 공기.
기지개를 쭈욱 펴고 스트레칭을 하고
환하게 빛나는 바깥 풍경을 보는 것이 좋다.
하루를 시작하며 일기를 끄적이는 이 시간이 좋다.

생각보다 기분이 좋아지는 건 별거 아니었다.
내가 좋아하는 것들로 소소하게 하루를 채워나가는 시간들.

 한 가닥의 실

두 눈을 꼭 감았다.

아주 가늘어 잘 보이지는 않지만

꽤 단단하고 질긴 한 가닥의 실이 있었다.

나는 뭔가에 이끌리듯 그 실을 꼭 붙잡았다.

절대 무슨 일이 있어도 놓지 말아야지 다짐했다.

기쁠 때나 슬플 때나 힘들 때도

그 실은 언제나 내 안의 중심을 잃지 않게 해주었다.

그 실의 이름은 '신념'이었다.

 카르페디엠

절대 잊히지 않을 것 같던 과거도
점점 기억 속에서 사라지고,
죽어라 가지 않을 것 같던 오늘도
언제 그랬냐는 듯 내일이 된다.
한참 오지 않을 것 같던 미래는
어느 순간 정신을 차려서 보면 지금이 되어있다.

결국 가장 중요한 것은
'우리가 지금 이 순간을 어떻게 보내고 있는가'다.
지금 이 순간만이 되돌릴 수 없는 과거가 되고
오지 않을 거라 생각했던 미래도 되니까.

 인생이란 계획대로 되지 않는 것

나의 삶은 항상 바라는 대로 흘러가지 않았다. 만약 항상 내가 원하던 대로 순탄하게만 흘러갔다면 지금 어떤 삶을 살고 있을까? 아마 내가 도자기를 하지 않았을 테고, 산속에서의 생활 또한 없었을 것이다.

평화로웠던 삼 월의 어느 날, 작업실로 걸려 온 전화는 또다시 내 삶을 그저 순탄하게만 흘러가게 내버려 두지 않았다. 전화 상대는 작업실 상가 주인이었다. 왠지 모를 불안감이 엄습해 왔다. 아니나 다를까 내 생각이 맞았다.

"오 월 내로 작업실을 빼줘야겠어요. 여기 건물들을 다 철거하고 새로 짓는다네요. 저번에도 귀띔하긴 했지만 그렇게 되었어요. 어째요."

간절히 바랐던 소원은 결국 이루어지지 않았다. 아, 이제 어디로 가지? 오 월 안으로 작업실을 빼야 한다니, 망했다! 이제 두 달도 채 남지 않은 시간이었다.

몇 년간 다섯 평의 작은 작업실에서 먹고 자고 생활했다. 이후 작업실 주인의 배려로 보증금을 더해 평수를 늘려 작업실 공간이 넓어졌다. 매일 군용 침낭과 매트에서 자다가 이 년 만에 침대에 눕는 희열감이란! 아직도 그때의 행복을 잊을 수가 없다. 점차 생활이 조금씩 나아졌다. 그런 평화를 갈구하던 시점에 이런 전화를 받은 것이다. 나는 다시 작업실을 찾아야 했다.

서울의 월세는 대부분 비쌌다. 발품을 팔아 뒤지고 다녔지만, 가지고 있는 보증금으로는 턱도 없었다. 머릿속에서는 룰렛판이 빙빙 돌고 있었다. '아무리 공간이 작아도 들어간다', '지하라도 구한다', '시골로 간다', '도자기를 그만둔다' 등의 여러 항목이 적혀 있었다.

룰렛판이 '호주 워킹 홀리데이'에서 멈춘 적도 있었다. 차라리 조금 내려놓고 일 년간 해외에서 돈이나 벌어 올까? 다시 기분 전환하고 번 돈으로 힘차게 돌아와서 도자기를 만들면 되지 않을까? 하지만 생각은 다시 빙빙 돌아 '작업실 만들기'에서 멈췄다. 어떻게든 작업을 계속해야겠다고 생각했다. 절박했고, 불안은 또 다른 불안을 불러왔다.

그러던 차에 전화가 왔다. 단양에서 한 달간 산속 생활을 하며 만난 수녀님이었다. "소영아, 요즘 어떻게 지내?" 일 년 전 행복했던 산속 생활이 떠올라 눈물이 날 뻔했다. "저 이사 가야 하는데 가진 돈으로는 마땅한 데가 없네요. 요새 힘들어요. 다시 산으로 들어갈까 봐요." 내가 울먹이며 말했다.

"에구, 어떡하니. 작업실이 있어야 작업을 할 텐데. 내가 지금 홍천 수도원에서 지내고 있는데, 이곳에 작업할 수 있는 공간이 있는지 물어봐줄게." 수녀님이 다정하게 말했다.

"정말요? 그러면 너무 감사하죠." 수녀님의 마음만으로도 위로가 되었다.

며칠 뒤 수녀님한테서 또 전화가 왔다. "소영아, 물어봤는데 내가 있는 곳에는 공간이 없지만 근처에 수도원 별장이 비어 있다고 하네. 대신 네가 어떤 작업을 할지 설명하고 허락을 받아야 해. 한번 여기로 와 볼래?"

"네! 당장 갈게요." 나는 바로 대답했다.

나는 작업을 해야 하고, 작업을 하려면 작업실이 필요했기에 공간만 허락된다면 어디든 갈 생각이었다. 그게 해외라도 말이다. 강원도는 속초와 강릉, 친구들과 몇 번 놀러 간 것 말고는 추억도 기억도 별로 없는 곳이었다. 지푸라기라도 잡는 심정이었지만 서울만 고집하던 나를 꺼내준 건 일 년 전 단양의 산속 생활이었다. 산속에서 작업하면 어떨까? 조금 더 마음 편히 작업할 수 있을까, 라는 생각을 그곳에서 처음 했으니 말이다.

수녀님이 소개해주신 곳은 홍천에서도 저 끝에 '내면'이라는 곳이었다. 서울에서 차로 세 시간 반 정도 걸리는 거리였다. 홍천은 정말 난생처음 가봤다. 누군가는 해발 700미터 고지의 산속에 위치해 있어서 전쟁이 나도 모를 곳이라고 했다. 초록의 논과 밭이 끝없이 이어졌다. 드문드문 있는 집을 지나 작은 흙길로 들어갔다.

도착한 곳에는 단독주택 네 채가 발 몇 걸음이면 닿을 거리로 옹기종기 모여있었다. 모두 신자분들이 사시는 곳이었다. 그중 가장 커 보이는 집 한 채가 수녀님이 말씀하신 곳이었다.

"여기 엄청 넓어 보이는데 몇 평이에요?" 내가 물었다.

"데스크 포함해서 한 팔십 평 정도 될걸."

"팔십 평이요?" 나는 너무 놀랐다. 팔십 평이라니? 오 평도 감사한데. 나는 나에 대해 두 시간가량 꼼꼼히 설명했다. 그러자 수사님은 "보증금과 월세 없이 기름값과 전기세만 내고 쓰는 걸로 해요. 우리한테는 뭘 주지 않아도 되고 세실리아가 받은 걸 또 다른 사람들에게 베풀면 돼요"라고 하셨다.

나는 눈시울이 붉어졌지만 이내 꾹 참았다. 다시 한번 벼랑 끝에서 내게 손길을 내밀어준 사람들이다. 꼭 이렇게 주저앉을 것 같이 힘이 들 때, 앞이 캄캄하고 도저히 어떻게 해야 할지 모르겠을 때, 그럴 때마다 나를 향한 천사의 손길들. "너 꼭 그 길로 나아가야 해" 하고 말하는 것 같았다.

누구나 일을 하면 보상받길 바란다. 나에게 보상이란 어떤 것이었을까? 그걸 생각해보지는 않았다. 그냥 내가 작업을 하고 싶은 만큼, 이루고 싶은 꿈을 이룰 만큼 되는 것? 어쩌면 그동안 나는 내가 하는 일을 일이라 생각하지 않았던 걸까? 아니면 보상이란 걸 받았다고 느낀 적이 없어서일지도 모른다.

하지만 그날 처음으로 그런 생각이 들었다. 보증금과 월세 걱정 없이 마음 편하게 작업할 수 있는 공간이 주어진 것이 팔 년간 내가 해온 것에 대한 보상인 것만 같았다. 하늘이 주신 보상. '결국 이렇게 도자기를 계속할 수 있게 해주시네.'

"그동안 고생했다, 세실리아. 이제 마음 편히 작업하렴"이라는 말이 어디선가 들려오는 것 같았다. 분명 이곳에서의 생활이 쉽지 않을 거란 건 알았다. 불편할 테고 어려운 것도 많겠지만 나에겐 보증금과 월세 없이 조용히 작업을 할 수 있다는 것만으로도 감사했다.

내가 나로서 온전히 선다는 것, 어른이 된다는 것은 생각보다 훨씬 어려운 일이었다. 언제나 저 앞에 보이는 목표를 위해 한참을 돌아가야 했고, 계획에도 없던 무수한 역경을 만나야 했다. 그럼에도 불구하고 지치지 않고 꿋꿋이 나아가야만 했다. 내가 걷는 길을 위해서.

그러다 보면 언젠가 나를 주저앉게 만들었던 위기가 내게 다른 방식으로 기회를 가져다주곤 했다. 전화위복이라고 했던가. 홍천의 작업실은 역경이 안겨준, 내 인생의 엄청난 복이자 선물이었다.

"뭐라고? 갑자기 뜬금없이! 그것도 혼자, 강원도 산골짜기로 이사를 간다고?" 물론, 나에게는 선물이었지만 가족들과 친구들에게는 충격적인 소식이었다. 평생 도시에만 살던 사람이 갑자기 귀촌이라니 놀랄 만도 했다.

 사 년 동안의 귀촌

강원도에서 보낸 사 년은 길다면 길고 짧다면 짧은 시간이었다. 홍천에서 이 년 반, 정선에서 나홀로 일 년 반을 지내면서 서른 초반의 인생에서 얻기 쉽지 않은 것들을 얻었다. 그중에 가장 컸던 건 '여유'였다. 이십 대 동안 야생마처럼 달려온 내게 가장 부족했던 것은 마음의 여유였다. 여유는 돈으로 살 수 있는 것도 아니고, 내가 원한다고 해서 바로 얻을 수 있는 것도 아니었다. 당연히 내게 여유는 가장 얻기 어려운 것 중 하나였다.

홍천 내면 해발 700미터에 위치한 집에서 이 년 오 개월을 보냈다. 이곳은 홍천 시내와 비교해 기온이 확연히 다른 곳이었다. 내가 살게 된 집을 포함해 총 네 채의 집이 있었고, 모두 성당 사람들로 이루어져 있었다. 첫 귀촌 생활에 이웃들의 도움이 정말 컸다. 혼자서 아는 사람이 하나 없는 곳에 살았다면 당혹스러운 나날의 연속이었을 것이다.

우리 집 주변에는 논과 밭뿐이었고, 이웃집 네 채 말고는 친구도 아무것도 없었다. 같은 신앙이라 마음으로 안정이 되었다.

서울에서 빈털터리 상태로 왔기에 강원도에서 악착같이 돈을 모으려고 했고, 실제로 그렇게 했다. 서울에서는 다양한 유혹이 많아 절제력에 엄청난 에너지를 쏟아야 했다. 맛있는 걸 좋아하고 예쁜 걸 좋아하는 나는 어디서든 먹고 싶고, 사고 싶다는 생각을 억누르는 데도 큰 에너지를 소비해야 했다. 사람들과 어울려 작업하는 걸 좋아해서 사람들의 연락을 거절하는 것도 힘들었다.

산속에서는 이러한 에너지 소모가 확연히 줄었다. 밖에 나가면 볼 것은 산과 논, 밭뿐이었고 배달도 되지 않았다. 가끔 맛있는 걸 먹고 싶을 때는 근처에 먹을 데가 없어서 한숨이 나오기도 했다. 몸이 아플 때나 보고 싶은 가족과 친구들을 만나고 싶을 때, 필요한 것을 바로 사지 못할 때의 불편함은 감수해야 했다.

 외로움을 많이 타는 나는 외롭고 고독할 때가 많았지만 늘 참아야 했다. 하지만 서울에 잘 가지 않고 사람들이 오기에도 멀고 애매한 곳에 있어서 나는 온전히 일에 집중할 수 있었다. 뭔가를 기대조차 하지 않게 만드는 환경 덕분에 마음먹기가 훨씬 수월해졌다.

서울에는 분기에 한 번 정도만 가고 가족들과 친한 친구들만 잠깐 만나고 왔다. 가끔 친구들이 놀러와 함께 시간을 보내기도 했다. 그 시간이 참 좋았다.

생전 처음 시골 단독 별장에서 나 홀로 지낸 어느 밤에 삐거덕거리는 수상한 나무 소리에 무서워 설친 새벽잠. 그 모든 게 빗방울이 떨어지는 소리였다는 것을 알게 된 다음 날, 옆집 분이 모든 건 자연의 소리라고 했던 그날이 아직도 생생하게 기억난다.

편의점과 슈퍼는 차로 십오 분을 달려야 나왔는데 나는 차도 없고 운전도 못 했으니 걸어서 한 시간 넘게 가야만 했다. 절제된 생활을 위해 뚜벅이로 버텼다. 장은 가끔 옆집 분들이 나가실 때 같이 나갔다.

몸이 아파서 병원에 가려면 삼십 분을 걸어서 버스정류장에 가야 했고, 눈 내린 날은 간혹 버스 운행을 하지 않기도 했다. 이따금 눈 내린 한겨울에 버스를 타고 한의원에 갈 때면 해발 천 고지가 넘는 계방산을 돌아 내려가는데, 그때의 설산은 너무 아름다워 할 말을 잊곤 했다. 그 덕분에 겨울을 무지 싫어하던 내가 처음으로 겨울을 좋아하게 되었다.

해발 칠백 고지에 위치한 집은 팔십 평이라 보일러를 켜면 기름값이 엄청났다. 그래서 겨울에도 항상 외출모드로 해놓았다. 집 온도는 항상 영 도였고, 한겨울엔 집 안에서도 입김이 나올 정도였다. 샤워할 때를 제외하고는 작업할 때나 세수할 때도 늘 얼음장처럼 차가운 물과 마주해야 했다.

그럼에도 불구하고 강원도에서의 많은 것들을 사랑하게 되었다. 서울에서 살인적인 더위의 한여름에도 강원도에서는 에어컨과 선풍기 없이도 시원했고, 모기가 없는 건 내 평생 서울 인생에서는 상상도 하지 못한 일이었다.

어디를 둘러봐도 초록초록한 풍경과 산들바람. 풀벌레 소리와 시냇물 소리와 함께 밤하늘에 가득 찬 별들과 한 시간 동안 열 번의 별똥별을 보았던 날들. 은하수가 두 눈에 가득 찼던 수많은 나날들……. 집 근처 계곡과 호수에서 매일 같이 전세 낸 듯 수영하고, 마당에서 친구들과 바비큐 파티를 하고, 한겨울에는 겨울 왕국처럼 아름다운 설산을 보며 싫어 했던 눈도 좋아하게 되었다.

너무 힘들고 답답할 때는 집 앞에 있는 흔들의자에 앉아 흙 냄새를 맡았다. 두 눈을 감고 바람 소리, 새 소리, 풀벌레 소리를 느꼈다. 오직 그 소리들만이 내 안을 가득 채웠다. 이미 눈을 뜨기 전에도 스트레스가 반은 해소되었다. 눈을 뜨면 펼쳐진 초록빛 자연 풍경은 나머지 스트레스도 사라지게 해주었다. 마치 산티아고에 있을 때처럼. 우리 집은 마치 산티아고의 길 위 알베르게 같았다.

가끔 친구들과 집 앞마당에서 불멍을 하고 거실에서 풀벌레 소리를 들으며 낮잠을 잤다. 옆집 강아지 네 마리는 너무 사랑스러워서 지금도 보고 싶다. 사 월부터 모종 심기 일이 시작되면 일주일 전에 골을 만들고 비료를 뿌리고 이 주 후에 모종을 심고 물을 주고 매일 같이 자라나는 풀을 뽑았다. 상추, 배추, 쪽파, 대파, 케일, 토마토, 오이, 가지, 감자, 호박,

애호박, 수박, 비트 등등을 키웠다. 식물이라면 끈기 있게 제대로 키우지 못했던 내가 이곳에서는 모든 걸 키우고 수확해 냈다.

텃밭 농사는 정말 힘들었지만 그만큼 힐링되는 시간이기도 했다. 특히 수확하고 먹는 건강한 시간은 말로 형용하기 어려울 정도로 기뻤다. 몸도 마음도 건강해지는 음식과 식생활이었다.

처음 시골에 내려온 나에게 그곳 생활을 친절히 알려주고 사랑하게 만들어준 건 모두 이웃 덕분이다. 성격이 털털해서 누구와도 잘 어울리지만 작업과 생활에 관해서는 간섭을 받는 걸 극도로 싫어했다. 서울에서 작업할 때도 작업실 문을 걸어 잠그고 평소엔 방문객도 일절 받지 않았던 나였다.

어쩌면 적응하기 힘들었을 수도 있었던 시골 생활인데 그분들과는 서로의 개인 생활을 존중하며 지내서 오히려 마음을 열고 깊이 있게 지낼 수 있었다. 농사 짓는 걸 처음부터 함께하며 알려주고 외로울 때는 말동무가 되어주었고, 서로 맛있는 것이 생기면 나눠 먹었다. 그래서 나는 언제나 먹을 거리가 풍족했다.

자연과 함께하는 삶은 지친 나에게 숨 쉴 수 있는 공간을 만들어주었고, 여유를 알게 해주었다. 온전히 작업을 하고 싶어 온 것이었지만, 결과적으로 나를 위한 시간을 많이 만들어주었다는 걸 다시금 깨닫게 된다.

곰곰이 생각해보면 우리 인생의 행복한 순간에는 '사람들'이 함께한다. 산티아고 순례길에서도 배웠듯, 인생은 혼자 살아갈 수 없으며 함께하는 사람들이 가장 중요하다는 것을.

어디를 갔느냐보다 누구와 함께했느냐가 더 중요하다. 결국 모든 것은 '사람'이라는 것을 깨닫게 된다.

내 인생의 첫 번째 터닝포인트가 산티아고 순례길이었다면, 귀촌은 내 인생의 두 번째 터닝포인트였다. 홍천과 정선에서 저와 함께 해주셨던 모든 분들, 고마웠습니다.

환경의 중요성

강원도로 이사 온 지 일 년 반이 지나자 코로나19가 터졌다. 모든 활동이 중단된 삼 년 가까운 시간 동안 강원도에서의 생활은 그 어느 때보다 만족스러웠다. 이 소중한 경험들이 나를 일 년 반 더 정선에서 살게 했다.

사람들은 그 기간 동안 귀촌해서 살고 있는 나를 부러워했다. 하지만 만약 내가 "여기 벌레가 엄청 많아요. 거미는 그냥 친구랍니다! 서울 한 번 가려면 차비도 많이 들고요. 겨울에는 난방비가 수십만 원씩 나와서 켜지도 못해요. 도시가스가 없거든요. 봄만 되면 풀이 미친 듯이 자라요. 계속 뽑아야 해서 허리가 끊어질 것 같고요. 필요한 게 있으면 바로 살 수도 없어요. 먹고 싶은 것도 먹기 힘들어요. 배달은 꿈도 못 꿔요. 근처에 편의점도 없다니까요. 심지어 슈퍼도요! 버스는 하루에 한 대뿐이고요. 집에 뭔가 고장이 나거나 문제가 생기면 스스로 고쳐야 하고요"라고 말했다면 어땠을까?

어떤 상황이 주어졌을 때 좋고 안 좋은 것은 언제나 내가 해석하기 나름이다. 내가 마음먹는 것에 따라 많은 것이 바뀌니까. 내가 바꾸지 못할 환경은 받아들이고 극복하려고 노력해야 하고, 내가 바꿀 수 있는 환경은 노력해서 바꾸면 된다. 환경을 탓하고 싶지 않았다. 환경은 환경일 뿐이다. 내 힘 안 들이고 모든 게 다 갖춰진 상황에서의 성공보다는, 내가 밑바닥부터 고생해 이룬 성공이 더 값질 것이다. 환경은 절대 바뀌지 않는다. 바뀌었으면 좋겠다고 생각할 시간에 내가 환경을 바꾸는 것이 더 빠르다.

환경이라는 것은 여러 가지 의미가 있다. 자연적 환경과 사회적 환경. 산으로 오면서 느낀 것은 자연적 환경이 정말 중요하다는 것이었다. 아마 내 나이대에 나 같은 경험을 해보지 못한 사람이 많을 것이다. 하지만 기회가 된다면 용기를 내어 한 번쯤은 이런 삶을 살아 보는 것을 추천한다.

물론 잠시지만 귀촌 생활이 힘든 부분도 많았다. 하지만 힘들다고 생각하지 않고 좋은 방향으로만 생각하니 서울보다 더 좋은 부분도 많다는 생각이 들었다. 서울에서의 치열하고 힘들었던 삶에서 벗어나 자연과 어우러져 살며 그동안 느끼지 못했던 여유로움과 바쁘게 지나치며 간과했던 많은 것들을 되찾은 기분이었다. 그리고 내가 가지고 있지 않았던 부족한 부분이 채워지는 시간들이었다.

마음의 부자

복잡한 도시를 떠나 자연 속에서 지내는 것은 생각보다 훨씬 경이로운 경험이었다. 사계절 변화에 따른 색감, 인공적이지 않은 자연의 곡선이 주는 신비로움, 절묘한 구도의 아름다움은 나에게 많은 영감을 주었다. 거기에 자연스럽게 스며들었다. 자연스럽게 물든다는 것은 일부러 공부하거나 노력하는 것과는 완전히 다른 방식이다.

자연 속에서 지낸 사 년 동안 크게 자각하지는 못했지만 정신과 육체, 그리고 영혼까지 많은 부분이 변화했을 것이라 확신한다. 자연은 나를 되돌아보게 하고 삶에 대해 생각할 시간을 마련해주었다. 아무리 추운 한겨울에도 마음만은 따뜻하게 유지해주었다.

노을 빛이 강물에 비쳐 하염없이 흘러가는 모습을 보고 있으면, 어느새 나의 답답하고 속상한 마음도 강물과 함께 흘러 내려간다. 자연은 존재 그 자체만으로도 우리에게 많은 위로를 건네준다. 우리는 모두 부자다. 이런 위대한 것들을 돈 없이도 매일 프리패스로 즐길 수 있으니 말이다.

우리는 눈앞에 이런 것들을 두고 멀리만 바라보며 사는 것은 아닐까?

마음의 부자는 물질적 부자보다도 더 풍요롭다. 그저 살아가는 것만으로도 많은 것을 가졌다고 생각하는 그 마음 때문일 것이다. 내 마음만 평온하면 모든 것이 평온한 이곳이다.

 마음이 이끄는 길

역시 머리보다는 마음이 가는 대로 따라야
나중에 미련도 후회도 없다.

 헛되지 않은 시간

육 개월 동안 꼬박 밤새고 만든 도자기 카네이션을 하루아침에 모두 버렸다. 약 사천 개. 음식도 하면 할수록 맛있어지고, 만두도 계속 빚다 보면 더 예쁘게 만들어지고, 그림도 그릴수록 더 잘 그려진다는데 도자기 카네이션 역시 디자인은 같아도 만들수록 더 예뻐졌다. 사천 번째에 만든 카네이션이 가장 마음에 들었기 때문이었다.

'너무 아까운데. 그동안 어떻게 만든 건데.' 피땀 흘려가며 고생해서 만든 걸 한순간에 모두 버린다는 건 결코 쉬운 일은 아니었다. 그렇게 매년 수백 개, 수십 개의 카네이션이 만들고 버려졌다. 하지만 하면 할수록 시행착오는 점점 줄어들었다.

버릴 때는 나의 노동이 주마등처럼 스쳐 지나갔다. 그 시간이 통째로 사라지는 것 같아서 속상했다. 하지만 반대로 생각해보니 그 시간과 희생이 있었기에 가장 마음에 드는 결과물을 만날 수 있었구나 생각했다. 카네이션은 버려졌어도 내가 보낸 시간들은 결코 버려지지 않았다. 그러면 되었다.

좋아하고 잘하는 걸 찾는 데엔 늦은 때란 없다

엄마는 아빠의 권유로 쉰다섯 살이 되던 해에 문화센터에서 민화를 배우기 시작했다. 그때부터 현재까지 민화를 놓지 않고 꾸준히 작업하고 있다. 사람들은 엄마의 민화를 보며 그림을 전공한 게 아니냐는 질문까지 했다.

사람들은 자신이 뭘 잘하는지, 어떤 것에 소질이 있는지, 뭘 하고 싶은지 잘 모르고 산다. 어릴 때뿐만 아니라 이십 대, 삼십 대, 사십 대, 오십 대가 되어도 마찬가지다. 하지만 찾으려고 노력하지 않으면, 결국 나중에는 주어진 것에만 순응하며 늘 해오던 것만 해야 한다.

내가 좋아하는 것이 무엇인지, 하고 싶은 게 무엇인지 평생 모른 채로 수동적인 삶으로 살아갈 수밖에 없다. 그리고 그걸 당연한 삶이라고 생각하게 된다. 물론 지금 하고 있는 일에 만족하며 산다면 괜찮지만, 그렇지 않은 경우엔 후회로 남을 수 있다.

결국 내가 무엇에 호기심이 있고 재미를 느끼는지, 무엇에 소질이 있는지 알려면 관심사를 넓혀 더 많이 듣고, 보고, 해보아야 한다. 아무것도 하지 않으면 아무 일도 일어나지 않는다. 더 슬픈 건 나중에는 무언가를 시도해볼 수 없는 상황이 올 수도 있기 때문이다.

십 년 동안 미용 관련 일만 하다가 서른두 살이 되어서 갑자기 웹디자인 쪽으로 방향을 옮기고 싶어하는 친구가 나에게 물었다. "언니, 나 이 나이 먹고 이제와서 디자인 일을 시작해도 될까?"

"야. 이 나이라니. 서른두 살이면 뭐든 할 수 있는 나이고 열심히만 한다면 무엇이든 할 수 있어. 지금이라도 네가 하고 싶은 걸 찾았다는 게 대단해."

나는 그 친구가 정말 대단하게 느껴졌다. 십 년간 하던 일을 그만두고 새로운 일에 도전하는 것 자체가 대단해 보였다. 한동안 걱정하던 그 친구는 보란듯이 자신이 하고 싶은 디자인 일을 하고 있다. 주변에는 서른이 훌쩍 넘어서도 새로운 분야에 도전하는 멋진 친구들이 많다.

내가 좋아하는 걸 찾고 도전하는 것에 있어서 나이 한계란 없다. 아흔 살이 되어서 그림을 시작하는 할머니도 있으니까.

내가 원하기만 한다면 무엇이든 시도해보지 못할 일이 무엇일까.

"지금 너무 늦지는 않았을까요?"
"지금 시작하면 돈은 언제 벌어요?"
"제가 할 수 있을까요?"

일어나지도 않은 일에 대한 생각은 모두 쓰레기통에 버려버리자. 내가 도전하지 못하도록 나를 가로막는 건 다른 게 아니다. 일어나지도 않을 일을 미리 염려하는 쓸데없는 생각들을 하는 내 자신이다.

진짜 원한다면 과감한 결단이 필요하다. 하고 싶은 일이 있다면 이상한 판타지 소설 속 상상은 접어두고 그냥, 그냥 일단 해봤으면 좋겠다. 내가 상상하지도 못할 즐거운 일이 일어날지 누가 알겠는가?

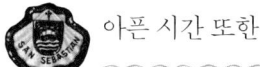 아픈 시간 또한

마냥 잘되고 좋을 때는 보이지 않았던 것들이
힘들고 아플수록 더 잘 보이기도 해.

나에게 소중한 사람과 그렇지 않은 사람은 누구인지
나에게 중요하지 않은 것, 소중한 것을 구분하게 되고
그럴 땐 또 우리 마음의 크기가 작아져서
평소보다 더 단호하게, 더 잘 가려낼 수 있게 돼.
아주 사소한 것에서부터 말이야.

삶을 살아가며 언제나 즐겁고 좋은 일만 있을 수는 없잖아.
아픈 시간은 그런 시간들을 주려고 계속 오나 봐.
너의 인생에서 소중한 것과 아닌 것을 잘 가려내라고.

시간을 멈추는 방법

세상에서 가장 빠른 것은 '시간'이다.
우리가 인지하기도 전에 이미 엄청난 속도로 움직이고 있으니
시간은 쉼이 없다.

시간을 제어할 수 있는 유일한 것은 우리들의 생각뿐이다.
순간을 멈출 수는 없지만,
순간을 느리게 포착해 길게 기억하는 방법이 있다.
잠시 조용한 곳에 앉아 바람에 살랑이는 꽃을 멍하니 바라보며
온전히 바람과 꽃을 느끼거나
밤하늘 가득한 별과 풀벌레 소리에 집중하는 것,
그리고 그 순간에 감사하는 마음까지.
그 순간만큼은 시간을 느리게 멈추어 보낼 수 있다.

나는 그걸 '여유'라 부른다.
마음의 여유는 내가 가진 것들이 아닌 나의 마음에서 나온다.
비싼 전자기기나 맛있는 아이스크림처럼
돈만 있다고 살 수 있는 것이 아니다.

빠른 시간 속에서 느린 순간을 만들어낼 수 있는 사람은 풍족하다.
그 풍족함은 어떤 것으로도 살 수 없는 탁월한 능력이다.

죽음을 생각하는 삶

가지고 있는 물건이 많아질수록 무거운 짐처럼 느껴졌다. 내 생을 마감하게 되면 이 모든 것들은 어떻게 되는 거지? 죽어서는 쓸 수 없는데 말이다.

나는 종종 '죽음'에 대해 생각한다. 우리 모두 언젠가는 죽게 되니까. 우리는 신이 아니기 때문에 모든 사람이 자신의 생을 모른 채 하루하루를 산다. 마음 아픈 일이지만, 예상치 못한 사고나 질병으로 인해 생을 마감하는 경우도 많다. 내 생도 당장 내일 끝날 수 있다는 것을 항상 기억하며 살고 있다.

죽음에 대한 생각과 더불어 미래를 준비하고 꿈꾸며 살되 현재에 충실히 사는 것이 가장 중요하다. 내가 가지고 있는 것들은 결국 내가 죽으면 다 놓고 떠날 것들이다. 하지만 내가 좋아하는 일을 하고 사랑하는 사람들을 만나며 만든 추억은 사라지지 않고 나와 그들의 기억 속에 영원히 남는다.

산속에 들어가 한 달 반을 살고, 강원도에 사 년을 귀촌해 살고, 산티아고 순례길을 아홉 번 다녀오며 내가 온몸으로 깨달은 것들이다. 사소한 것부터 가진 것에 감사하기, 그리고 불필요한 것은 소유하지 않는 것. 다른 사람들은 가지고 있지만 내가 못 가진 것들에, 예를 들어 더 비싼 아파트에 살지 못해서, 고급 차를 사지 못해서 힘들어하고 우울해하지 않았으면 좋겠다. 결국 그건 나 자신을 위한 게 아닌 다른 사람들에게 보이기 위한 것일지도 모른다.

우리의 모든 불행은 우리가 만든 욕심에서 비롯된다. 욕심이라는 것은 시도 때도 없이 끊임없이 우리를 괴롭힌다. 그러므로 우리는 늘 자신을 욕심의 구렁텅이에 빠지지 않도록 중심을 잡는 것이 필요하다. 다른 사람과 비교하며 내가 못 가진 것들에 슬퍼하고 불행해하기보다 가진 것들에 감사하며 살자.

우리 삶은 다른 누군가가 만들어주는 게 아니라 우리가 주인이고 우리가 생각하고 만들어가는 대로 만들어진다. 우리는 우리가 생각하는 것보다 더 많은 것을 이미 가지고 있다.

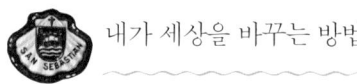 내가 세상을 바꾸는 방법

세상이 차가운 게 아니라 내가 차가운 것.
세상이 따뜻한 게 아니라 내가 따뜻한 것.
뭐든 내가 생각하는 세상 안에 살고 있다는 것.

세상을 마주하기 전에
나를 먼저 돌아보면 어떨까.
그리고 세상을 바꾼다는 것은 아마도
그 이전에 나를 바꾼다는 것이지 않을까 싶다.

 미루지 말 것

우리 집 라인의 물탱크에 가뭄이 들어
이삼 주째 물이 잘 나오지 않았다.
쫄쫄 나오는 물 덕분에
평소에 가지 않던 동네 목욕탕으로 며칠째 출근하게 된 참이었다.
그동안 밖에 잘 나오지 않아서 나온 김에
공기 좋은 우리 동네 아우라지 한강에서 시원한 바람을 쐬었다.

'이제 이렇게 자연이 주는 무한대의 선물을
쉽게 일상에서 느낄 수 있는 날도 얼마 안 남았으니
얼마 안 남은 이곳에 있는 동안 눈에 많이 담아 둬야지.'

살면서 미루지 말아야 할 것들이 있다.
눈에 담은 것들은 눈의 기억보다
그 순간 가슴에 담기는 기억이 더 선명해지기도 한다.
그건 오랜 시간 동안 내 삶에 따스한 온도로 남을 테니까.
공기가 차가워질수록
마음을 따뜻하게 해주는 일들을 미루지 말고 살아야겠다.

한가로운 마음으로 맑은 공기를 마시는 일.

앞만 보지 않고 자주 고개를 들어 예쁜 하늘을 보는 일.

바람 소리와 풀벌레의 음악에 눈을 감고 몸을 실어 보는 일.

그런 것들.

초심으로 돌아가는 연습

꽤 힘든 며칠을 보낸 후 문득 십 년 전에 마음을 다지며 써 놓은 글이 눈에 들어왔다. 사람들이 내가 만든 도자기 작품을 받고 즐거워하는 모습을 보며 내가 누군가에게 그런 순간의 기쁨을 줄 수 있다는 것만으로도 나에게 큰 행복이며 힘이 된다는 내용이다.

아무리 배가 고프고 힘들고 지칠 때가 오더라도, 현실과 부딪히는 순간이 오더라도, 그래서 잠시 나약한 생각이 들 때도, 내가 사랑해서 선택한 이 길을 결코 포기하지 않고 끝까지 헤쳐 나갈 것이라고. 그리고 내가 원하는 것을 반드시 이루어낼 것이라고. 이 모든 순간이 배움의 과정이고 난 아직 걸음마 단계에 머물고 있을 뿐이라고. 앞으로 나아갈 일만 남았다는 것을 잊지 않을 것. 내 작품이 어느 누군가에게 행복을 안겨주는 것만으로도 그것이 이 일을 계속해나가는 원동력이니까. 지금까지 그래 왔듯이 난 더 참아낼 수 있다고. 나에게는 꿈이 있고, 그 꿈을 향해 달려갈 열정이 있으며, 나를 응원해주는 이들이 있으니까. 물질적으로 가진 것이 많지 않더라도 마음만으로도 그 어느 누구보다도 최고의 부자라고.

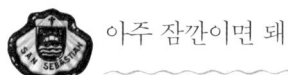 아주 잠깐이면 돼

가끔 내 안에서 내가 아닌 나를 발견할 때가 있다.
그때마다 어디가 끝인지 보이지 않는 밑으로 한없이 내려간다.
사람들이 말하는 내가 아닌 나, 나 같지 않은 나.

겉으로 보이듯 모든 것에 있어서 내 마음도 쿨해지고 싶다.
많은 상처에도 익숙한, 아무렇지 않아질 수 있는
그런 쿨함이 있었으면 좋겠다.
살짝 불어오는 바람결에도 흔들리지 않고
라디오에서 흘러나오는 음악에도 눈물 글썽이는 마음 말고.

결국 이 시간도 지나가겠지.
언제 그랬냐는 듯 아주 잠깐 자고 일어나면
오늘은 사라지고 내일이 오겠지.

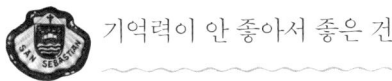 기억력이 안 좋아서 좋은 건

기억력이 안 좋은 게 때론 좋을 때도 있다.
아팠던 기억이 오래가지 않아서.

나빴던 기억도 견딜 수 있을 만큼 작아져서
상처였는지조차 모르게 희미해지기도 하니까.
큰 노력을 하지 않아도 알아서 잊혀지니까.

가끔은 기억력이 좋지 않은 게 좋을 때가 있다.

 ## 지나간다

모두 다 지나간다.
칼날처럼 날카로운 아픔도,
흩날리는 벚꽃처럼 행복했던 순간도,
숨이 막힐 것처럼 죽을듯한 고통도,
두근거림과 설렘에 잠 설치던 밤도,
끝내 말하지 못 해 끙끙 앓던 순간도,
나를 버려가며 너를 사랑했던 시간도,
불안과 걱정이 앞서갔던 시간도.

모두 다 그렇게 지나간다.

꿈을 이루어가는 방법

해이해진 정신을 붙들기 위해 하는 습관적 행동이 있다.

1. 일의 단기 목표를 일 년 단위로 세워 포스트잇 여러 장에 크게 글씨를 적는다.
2. 목표는 내가 생각하는 것의 두 배로 크게 잡는다.
3. 보드판에 붙인 후 잘 보이는 벽에 붙이거나 세워둔다.
4. 지나다니면서 매일 본다.

그렇게 해두면 무심코 포스트잇에 적어 놓은 목표들을 보았을 때 어느새 삼 분의 이 이상이 달성되어 있다. 그때 글을 적은 지 약 일 년 반 정도 지났을 때였다. 그 순간 소름이 돋았다. 그때 알았다. 목표를 적고 계속 보면서 항상 생각하고 간절히 원하 그걸 이루기 위해 노력하고 이루어진 모습을 상상한다는 것의 힘은 정말 대단하다는 것을.

오늘 나는 포스트잇에 이루고 싶은 목표를 적는다.
일 년 후 이 포스트잇을 보며 흐뭇해할 나 자신을 상상하니 힘이 난다.

진짜 삶은 이제부터가 시작이니까

정말 힘이 들 때 거울을 보고 외쳐 봐.

'이제부터가 시작이야!'

정말 신기하게도 출처를 알 수 없는 막강한 힘이 생겨.

우리가 지금 힘이 드는 이유는 죽어라 노력했는데도

그 결과가 만족스럽지 못하기 때문일 거야.

현실에서 오는 괴리감 때문일 수도 있고,

보상심리, 현실에 대한 책임감 그리고 욕심

또는 그 누군가와 자신을 비교하며 생긴 자격지심 때문일 수도.

하지만 '이제부터가 시작이야'라는 건

지금까지의 모든 것들을 배제하고

다시 새로 시작한다는 거야.

내면에 잠재되어 있는 보상심리를 없애면

새로운 시작에 집중할 수 있을 거야.

우리 조금만 내려놓자.

항상 다시 시작한다는 마음으로 시작하면

두려울 게 없어질 거야.

그러면 우리는 더 많은 일들을 해낼 수 있어.

왜냐고?

이제부터가 시작이니까!

경험해봐야 아는 것

빠르게 갈 것 같았지만 꼭 느리게 갔어.

짧을 거라고 생각했지만 생각보다 길었고,
길 거라고 생각했지만 생각보다 짧았어.

깊을 거라고 생각했지만 오히려 얕았고,
얕을 거라고 생각했지만 오히려 깊었어.

그래, 그랬어.

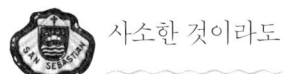 사소한 것이라도

생각만 하는 삶보다는

작은 것이라도 실천해 가는 삶을 살고 싶다.

아주 사소한 일이라도 말이다.

무언가를 시작하기에 좋은 나이

그런 생각으로 달려왔다.

'난 이십 대니까 괜찮아! 더 고생하지 뭐.'

이제는 이렇게 말해주고 싶다.

'이제 삼십 대니까 괜찮아. 지금부터 하면 돼!'라고.

무언가를 시작하기에 가장 좋은 나이란 없다.

내가 육십 대, 칠십 대가 되어도

더 늦기 전에

지금 하자.

역경은 태풍에 대비해 깊이 뿌리를 내릴 수 있는 기회

식물은 성장에 유리한 날씨가 계속되면
얕은 지표면에만 뿌리를 내린다고 한다.
그렇게 되면 태풍이 왔을 때 식물이 쉽게 뽑힐 수 있다.

하지만 성장이 쉽지 않은 환경에 있으면
식물은 물과 양분을 얻기 위해
땅속 깊이 튼튼하게 뿌리를 내린다.
그러면 태풍이나 가뭄이 와도 쉽게 시들지 않는다.

우리 또한 어려움과 시련을 겪으며
더 깊고 강한 뿌리를 내리게 된다.
편안하고 쉬운 환경에서는
깊고 튼튼한 뿌리를 내리기 어렵다.

다양한 도전과 시도 속에서 우리는
내면의 힘을 키우고 다양한 상황에 적응하며 더욱 강해진다.

그래서 때로는 어려움이 닥쳐올 때
그것을 피하지 말고 정면으로 마주하는 것이 중요하다.
그런 과정에서 우리는 성장하고 더 강한 사람이 되어
미래의 어떤 폭풍에도 흔들리지 않을 수 있다.

진정한 강인함은 편안한 환경이 아닌
어려운 환경 속에서 만들어진다.

 마침표

인생에 정답이 있을까.
답을 찾아가는 과정 그 자체가 인생이다.
그냥 살아가는 것이니까.

그래서 항상 내 마음과 머릿속에는
마침표보다는 물음표와 따옴표가 더 많은가 보다.
모든 것은 시간이 지난 후에야 비로소 마침표로 정리된다.

그것이 일이든, 인연이든
지금까지 찍어 온 마침표들은
다른 사람이 아닌 내가 찍은 것이다.

마침표를 찍기 전까지는 모른다.
앞으로 찍힐 각양각색의 마침표를 위해
나는 오늘도 수많은 물음표와 따옴표와 함께 걸어간다.

옳고 그른 선택은 없다.

더 나은 선택이 있을 뿐이다.
그러기에 어떤 모습의 마침표든지
모두 소중한 나의 밑거름이며 스승이다.

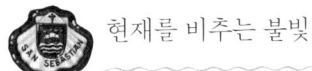 현재를 비추는 불빛

가끔 이십 대의 나를 그리워하면서도
그때로 돌아가고 싶지는 않다.

분명 좋고 행복했던 순간도 많았지만
남몰래 혼자 울며 힘들었던 기억들이 조금 아프다.

오랜 시간 어두운 터널을 홀로 헤쳐나가며
한 줄기 빛을 바라보며 걸어온 시간.

이제는 예전처럼 어둡지 않고 조금은 밝아졌다.
지금까지 걸어오며 달아 두었던 빛들이
현재 내가 걸어가는 어두운 터널에 빛이 되어주어서.

이제는 두렵지 않다.
지금 내가 달아 둔 빛들이 모여
미래에 내가 걸어갈 터널을 환하게 비춰주겠지.

시작

내가 가장 좋아하는 문장들.

매일 기억하고 되새기는 문장들.

이 문장들은 가끔 지쳐있는 내게 정말 큰 힘이 된다.

"이제부터가 시작이다!"

"시작해라, 그리고 해내라!"

4부

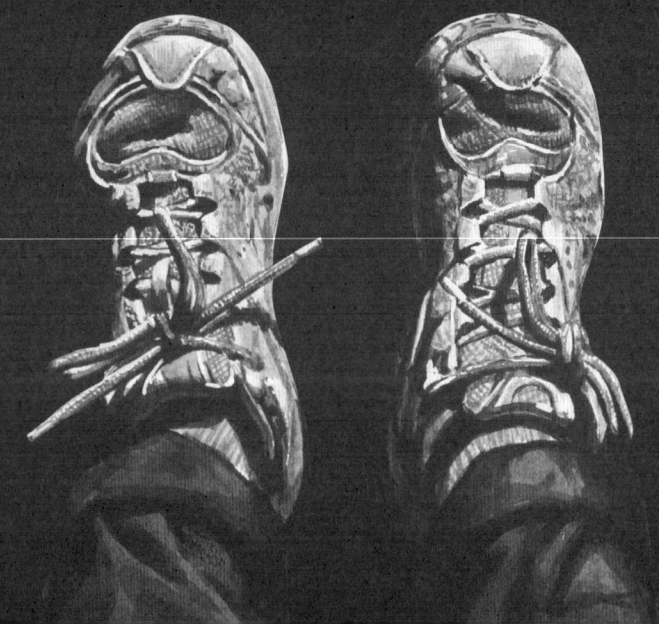

행복은 멀리 있지 않아

세상 모든 사람이 뭐라 해도 내 마음만은 언제나 내 편.

 마법의 주문

'다 잘될 거야.'
'난 할 수 있어.'
'무조건 하면 돼.'
'이제부터가 시작이야.'

항상 가슴으로 되뇌던 말.
어떤 위기에서도 이게 끝이 아니라는 걸 보여주듯이
신기하게도 일어설 수 있는 힘이 생겼다.
지금, 현재. 나에게 절실히 필요한 마법의 주문들……!

그 마법의 주문을 다시 걸 때
아직 끝이 아니라고,
결국엔 다 잘될 거라고……!

 내 사람

마음과 삶의 결이 닮은 사람이 좋다.
서로에게 노력해야만 하는 게 아니라
굳이 노력하지 않아도 되는 사람.
마음속에 가진 생각과 걸어온 길이 비슷해
삶의 가치관이 닮은 사람.
재고 따지는 것을 무의미하게 만드는 사람.
평소에 자주 연락을 못해도
언제나 생각하면 마음이 편해지고
고민 없이 연락할 수 있는 사람.

그런 친구 하나만 있어도 성공한 삶이라던데
내겐 그런 벗들이 있어서 감사하다.

몇 년이 지나도
만나면 만날수록 더 좋아지는 사람들.
앞으로도 오래오래 함께할 내 사람들.

 가장 어려운 것

결국 우리들의 인생은
남들과 비교하며 경쟁하고 싸우는 게 아니라
어제의 나 자신과 끊임없이 경쟁해 이겨내는 것이다.

모든 문제는 다른 사람이 아닌 내 안에 있고,
그걸 해결할 수 있는 것도 나 자신밖에 없다.

남과 싸워 이겨내는 건 아무 소용이 없다.
진짜 싸워야 할 대상은 남이 아닌 내 자신이니까.

가장 어려운 것은
끊임없이 내 자신과 싸워서 이겨내는 것이다.

 그런 사람이 좋더라

겉과 속이 같은 사람.

말과 행동이 일치하는 사람.

어떤 사람을 마주해도 같은 사람.

계산적이지 않은 사람.

가식적이지 않은 사람.

겉모습만 번지르르하지 않은 사람.

사치스럽지 않은 사람.

어려움과 힘듦을 아는 사람.

공감할 줄 아는 사람.

뭐든 과하지 않은 사람.

예의 있는 사람.

언제나 한결같은 사람.

따뜻하고 순수한 사람.

그런 사람이 좋더라.

나는 그런 사람일까?

사랑은 또 다른 여행 같은 것

내게 사랑이란

웃게 되는 것.
설레는 것.
따뜻한 것.
가슴 뛰는 것.
시도 때도 없이 자꾸 생각나는 것.
그 사람이 나에게 일 순위가 되는 것.
함께하는 것.
행복한 것.
아픈 것.
노력하는 것.
사랑한다고 수천 번 수만 번을 말해도 질리지 않는 것.
떨어져 있으면 보고 싶어 미칠 것 같은 것.
함께 있어도 미친 듯이 그리운 것.
노을을 보면 함께 보고 싶어지는 것.
책에 좋은 글귀가 나오면 보내주게 되는 것.

좋아하는 책을 선물해주고 싶은 것.

좋은 영화를 함께 보고 싶은 것.

그리고……

나조차도 몰랐던 내 모습을 발견하게 되는 것.

나에게로 떠나는 또 다른 여행 같은 것.

여러분에게 사랑이란 어떤 건가요?

 창문을 닫을 시간

바깥에서 들려오는 소리가 너무 시끄럽게 들릴 때가 있다.
사실 매일이 그런데도 우리는 그 시끄러움에 익숙해져
시끄럽다는 것 자체를 잊고 살아가기도 한다.
그럴 때는 창문을 하나둘씩 닫아 보자.
물론 너무 고립될 수 있으니 가끔은 환기를 시켜줘야 한다.
그렇게 창문을 열고 바깥세상에 관심을 가져야 할 때도 있지만
조용히 내 안에 집중하는 시간을 많이 만들수록 좋다.

 나, 가장 든든한 나의 친구

"파이팅! 넌 할 수 있어!"
내게 해줘야 했을, 가장 필요했던 말.
하지만 많이 해주지 못했다.
요즘 왜 이렇게 힘이 나지 않을까 생각해보니
내게 너무 소홀했던 것 같아 나에게 미안해졌다.

남들이 아무리 힘내라고 해도
내가 나에게 힘내라고 하지 않는다면 무슨 소용이 있을까.
내가 나를 돌봤어야 했는데 그러지 못했다.
앞으로 몇 배로 더 힘든 일도 많을 텐데.
이제 와서 마음속으로 파이팅을 외쳐 본다.
그랬더니 정말 힘이 난다.
정말 힘내야겠다.

내가 나에게 지금 해줘야 할 말
"파이팅! 넌 할 수 있어!"

 마음의 결

현재 당신과 가장 이야기를 많이 나누는 친구는 누구인가요?
자주 만나는 사람은 누구인가요?
어떤 모임이나 커뮤니티에 참여하고 있나요?

내가 어떤 생각과 마음을 가진 사람들과 어울리며
시간을 보내고 있는지 한번 생각해보세요.
내가 함께하는 그 사람들이 바로 나의 거울입니다.

집주인이 자신의 꽃밭을 관리하고 물을 주며 썩은 가지를 쳐내듯
우리는 항상 자신의 인생이라는 꽃밭을 가꾸어야 합니다.
내 주변 사람들의 영향력은 매우 큽니다.

예전에는 계속해서 새로운 사람들을 만났습니다.
아마도 나와 결이 맞는 사람과 맞지 않는 사람을
알아가는 과정이었겠죠.
결국 결이 다른 사람은 나에게 상처가 됩니다.

그래서 예전과 달리 지금의 나는

생각과 결이 맞는 사람들과 많은 시간을 보내려고 합니다.

생각이 맞고 마음이 맞는 사람들을 만나 시간을 보내기에도

인생은 짧습니다.

어떤 사람과 함께 하느냐가 바로 우리 미래의 모습입니다.

 동반자

나이가 들어서도 함께 손잡고 여행을 다닐 수 있는 사람.
옆에 있는 것만으로도 마음이 편해지는 사람.
걷는 동안 보폭을 맞추고 싶어지는 사람.
온종일 땡볕을 걸어도 함께라면 즐거울 사람.
아무 말 하지 않아도 따뜻한 공기가 느껴지는 사람.

그런 한 사람과 평생을 함께하고 싶다.

- 스페인길을 걷다가 벤치에 함께 앉아 노을을 바라보는 노부부를 보며.

 언제나 내 편

절대 변치 않을 것 같은 우정이 깨졌을 때도,
평생을 함께할 것 같은 사람과 이별했을 때도,
가족과 사소한 말다툼으로 한동안 말을 하지 않을 때도,
내가 혼자인 것 같을 때도
항상 변치 않고 나와 함께해주는 너.

세상 모든 사람이 뭐라 해도
내 마음만은 언제나 내 편.

 최고의 경험

누군가에게 받았던 사랑이 너무나도 컸다면,
누군가와 했던 첫사랑이 내 인생의 전부였다면,
그 이후에 만나는 사람과의 감정은
그보다 작게 느껴질 수 있다.

처음 코타키나발루에서 먹었던 망고가,
크로아티아에서 먹었던 무화과가
인생 최고로 맛있었다면
그다음 동네에서 먹은 망고나 무화과의 맛이
상대적으로 별로라고 생각할 수 있다.

언젠가 친구들과 놀러 갔던 제주도가 세상 제일 재밌었다면
그다음 혼자 하는 제주도 여행은 그에 비해 재미없을 수도 있다.
이 세상 최고의 품질을 자랑하는 흙으로 도자기를 빚어 본 사람은
다른 어떤 흙을 만지더라도 만족하지 못할 수 있다.

내 인생에서 산티아고 순례길 여행은

어떤 아름다운 여행지를 가도 별 감흥이 없게 만들어버렸다.

최고라고 생각할 만큼 좋았던 기억과 감정들은

때로는 이후의 많은 것들을 시시하게 만들어버리곤 한다.

최고의 경험과 감정들은 미리 맛보는 게 좋을까.

아니면 나중에 맛보는 게 좋을까.

어떤 게 더 나을까.

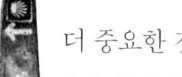 더 중요한 것

지식을 쌓으려 하기 전에 먼저 사랑하는 마음을 배우자.
부를 얻으려 하기 전에 먼저 나누려는 따뜻한 마음씨를 갖자.
높은 지위에 올라가려 하기 전에 먼저 마음의 깊이를 넓히자.
이렇게 마음을 가꾸는 일보다 더 중요한 일이 있을까?

지식을 쌓으려 하기 전에 먼저 사랑하는 마음을 가지면
마음의 준비가 되어 있을 때 지식은 더 깊고 의미 있게 자리한다.

부를 얻으려 하기 전에 먼저 나누려는 따뜻한 마음씨를 가지면
따뜻한 마음으로 나눔을 실천할 때 부의 가치는 더욱 빛난다.

높은 지위에 올라가려 하기 전에 먼저 마음의 깊이를 넓히면
높이 올라갈수록 깊은 마음이 우리를 더욱 겸손하고 단단한
사람으로 만들어준다.

마음을 가꾸는 일은 우리 삶의 근본이다.

 그런 날

따뜻한 햇살 아래 몸과 마음마저 따스해지는 날.
작업실로 향하는 발걸음이 어느 때보다 가볍다.
내 귓가엔 에피톤 프로젝트의 음성이,
두 눈엔 빠르게 지나가는 풍경들이,
어떤 걸로도 표현할 수 없는 너무 예쁜 색상의 나뭇잎들이 담긴다.
입 안엔 지난 날 머금었던 사탕의 향수가 퍼져가고
작은 통증도 이런 것들에 조금도 비할 수 없을 만큼
따스한 햇살만으로 치유되는 그런 날.
내 마음을 붉게 물들이는 사람과 함께 있다면
더 향기롭고 포근할 것 같은 그런 날.

세 가지

누구에게나 살아가면서 자신에게 가장 중요한 것이 있다.
나에게는 세 가지가 있다.

남을 사랑할 줄 아는 따뜻한 마음.
올바른 신념을 가지고 살아가는 것.
끊임없이 부딪히며 노력하는 열정.

나에겐 이 세 가지가 가장 중요하다.
여러분에게 가장 중요한 세 가지는 무엇인가요?

 마음의 쉼터

사람들이 나를 보고 어떻게 생각할까.

남들의 신경은 잠시 턴 오프 turn off.

내 안의 신경은 잠시 턴 온 turn on.

따뜻한 햇살이 비추는 길바닥에 털썩 주저앉아 눈을 감아 봐.

눈으로 보기 바빠 무심코 지나쳤던 것들을,

향기로운 풀 내음을 더 깊이 들이마셔 봐.

바람의 촉감을 섬세하게 느껴보고

지저귀는 새들의 이야기에 집중해 봐.

그럼 있잖아.

신기하게도 시원한 얼음이 담긴 탄산음료를 마시지 않았는데도

마음에 상쾌한 바람이 불어와 갈증이 사라져.

행복은 멀리 있지 않아.

이미 너는 그 안에 있으니까.

 행복해지기 위한 수업

"어떻게 하면 행복해질 것 같아?"
"음……, 모르겠어."

우리는 습관처럼 이야기한다.
'난 행복하지 않아.'
'하지만 행복해지고 싶어.'
'근데 행복해지려면 어떡해야 하지.'
하지만 우리는 행복해지고 싶어만 하지,
정작 우리가 언제 행복한지, 행복이라는 게 뭔지,
행복해지기 위해선 뭘 해야 하는지 모르고 산다.

돈? 사랑? 애정? 친구? 일? 성취?
우리가 행복하지 않은 이유가 돈이 없어서일까?
사랑하는 사람과 이별해서일까?
돈이 많아지면 행복해질까?
그럼 마음껏 쇼핑하면 행복해질까?
사랑했던 사람이 돌아오면 행복해질까?

그게 정말 우리를 행복하게 만드는 것일까?

행복해지는 방법엔 두 가지가 있다.
내가 좋아하는 걸 하는 것과
나를 불행하게 하는 걸 버리는 것.

행복해지려면 어떤 것이 가장 중요한지 묻는 질문에
대답하기 어려웠거나 모른다고 대답했다면
내가 정말 좋아하는 것이 무엇인지 모르는 걸 수도 있고
나를 불행하게 만드는 게 무엇인지 모른다는 말과 같다.
남들이 정의한 행복의 기준이 아닌
내 안에 깊이 자리한 내 자신이 좋아하는 것 말이다.

행복해지는 데에도 공부가 필요하다.
나를 알아가는 공부.
수학을 배울 때도 가장 기본적인 숫자와
덧셈 뺄셈 나누기부터 배우는데

우리는 정작 내가 무엇을 좋아하는지,
뭘 하고 싶은지 궁금해 하지 않는다.
그저 주어진 대로, 살아지는 대로 살아간다.
하지만 행복은 주어진 대로, 살아지는 대로 살아서는 얻기 어렵다.

행복한 감정은 기분 좋은 일이 충만할 때 온다.
그러려면 우선 기분 좋은 일이 생겨야 한다.
기분이 좋아진다는 건 내가 좋아하는 것을 하고 있다는 것이다.
내가 무엇을 할 때 기분이 좋아지는지 알아야 한다.

내가 무엇을 좋아하는지 알고 있으면, 그걸 하면 된다.
자주, 반복해서 꾸준히.
내가 좋아하는 걸 하면 행복해질 수 있다.
그러기 위해서는 내가 좋아하는 게 뭔지 아는 게 먼저다.

좋아하는 감정은 잡초와 같다.
하나일 땐 약한 바람에도 쉽게 꺾일 수 있지만

감정의 잡초가 모이고 모여 큰 밭을 이루게 되면
폭풍이 몰아쳐도 뽑히지 않고 굳건히 자리한다.

상황이, 환경이 좋지 않아서 행복하지 않은 게 아니다.
먹고살기 바쁘고 다른 사람들에게 신경 쓰느라
정작 나를 돌보지 못해서 그런 거다.

나를 잘 몰랐기 때문에, 몰라주었기 때문에
내 마음이 아프다고 속상하다고
나 좀 알아달라고 신호를 보내는 거라고.

내가 나에게 관심을 가져주고 좋아하는 걸 해주면
언제든지 우리에겐 행복한 시간이 늘어날 수 있다.

젊은 도예가의 꿈을 향한 도전과 응원
나는 여전히 걸어가는 중입니다

초판 1쇄 인쇄 2024년 9월 23일 | 초판 1쇄 발행 2024년 10월 7일

지은이　　김소영

펴낸이　　신수경
책임편집　신수경
디자인　　디자인 봄에
마케팅　　용상철 | 제작　도담프린팅
펴낸곳　　드림셀러
출판등록　2021년 6월 2일(제2021-000048호)
주소　　　서울 관악구 남부순환로 1808, 615호 (우편번호 08787)
전화　　　02-878-6661
팩스　　　0303-3444-6665
이메일　　dreamseller73@naver.com
인스타그램 dreamseller_book
블로그　　blog.naver.com/dreamseller73

ISBN 979-11-92788-27-2 (03810)

- 책값은 뒤표지에 있습니다.
- 잘못 만들어진 책은 구입한 곳에서 바꾸어 드립니다.
- 저자와 출판사의 허락 없이 내용의 전부 또는 일부를 인용하거나 발췌하는 것을 금합니다.

※ 드림셀러는 당신의 꿈을 응원합니다.
　 드림셀러는 여러분의 원고 투고와 책에 대한 아이디어를 기다립니다.
　 주저하지 마시고 언제든지 이메일(dreamseller73@naver.com)로 보내주세요.